Friedrich Schirmer

Beiträge zur Geschichte Kaiser Friedrichs II.

Friedrich Schirmer

Beiträge zur Geschichte Kaiser Friedrichs II.

ISBN/EAN: 9783955644345

Auflage: 1

Erscheinungsjahr: 2013

Erscheinungsort: Bremen, Deutschland

EHV
HISTORY

Beiträge
zur
Geschichte Kaiser Friedrichs II.

I. Die Kontroverse über eine Anwesenheit Friedrichs in Deutschland im Jahre 1242.

II. Friedrichs kirchliche Stellung.

Gymnasiallehrer **Friedrich Schirmer**

Friedland i. Mecklb.
Druck von W. Walther.
1904.

Beiträge zur Geschichte Kaiser Friedrichs II.

I. Teil.

Die Kontroverse über eine Anwesenheit Kaiser Friedrichs II. in Deutschland im Jahre 1242.

Literatur:

a. **Quellen:**

1. Huilliard-Bréholles, hist. diplom. Frederici II. (citiert H.-B.)
2. Böhmer: Regesta Imperii. (citiert: B.-R.)
3. Matheus Parisiensis ad annum 1243,44. Mon. Germ. S. S. XXVIII.
4. Legendarium des Dominikanerklosters zu Eisenach, herausg. von Michelsen s. u.
5. Annales Wormatienses in: Böhmer: Fontes II, 158—215 Mon. S. S. XVII, 37—73

b. **Sekundäre Darstellungen:**

Schirrmacher: Kaiser Friedrich II.

" Forschungen zur deutschen Geschichte. Band XI, 337 f. (1871).

Huber: ebenda, Band X. p. 649 (1870).

Ficker: Sitzungsbericht der kaiserlichen Akademie der Wissenschaften. Wien Band 69 p. 275 fg.

Winkelmann: Geschichte Kaiser Friedrich II.

Reuss: Die Wahl Heinrich Raspes, Lüdenscheid 46.

c. **Literatur über das Legendarium.**

1. Michelsen: Zeitschrift des Vereins für thür. Gesch. IV. 1861 p. 361—394.
2. Ed. Jacobs: Graf Elger von Honstein, der Dominikanerprior. Zeitschr. des Harzvereins für Geschichte. XIII. 1880. Wernigerode p. 1-30.

3. Ludw. Koch: Graf Elger von Hohenstein, der Begründer des Dominikaner-Ordens in Thüringen. Gotha 1865.

4. Wattenbach: Deutschlands Geschichtsquellen 6. Aufl. II, 9 p. 372.

5. C. Wenck: Entstehung der Reinhardsbrunner Geschichtsbücher. Halle 1876, p. 58.

6. M. Baltzer: Über die Eisenacher Dominikanerlegende. M. J. Ö. G. 4. Ergzgsbd. (93) S. 123—132.

Die These über Friedrichs Anwesenheit in Deutschland zur Abhaltung eines Fürstentages in Frankfurt a. M. im Jahre 1242 hat seit ihrer Entstehung[1]) mannigfache Anfechtung[2]) erfahren, sodass sie heute noch als Kontroverse besteht.

Die Wichtigkeit dieser Frage, aus der sich das Verhalten Heinrich Raspes, als auch der übrigen deutchen Fürsten erklärt, durch welches der Gewaltstreich des Papstes gegen den Kaiser auf einige Jahre hinausgeschoben wurde, liess es uns nötig erscheinen, die These zu erneuern, ihre Gründe und Gegengründe eingehend zu prüfen und zu beurteilen. Auch glauben wir, dass es gelungen ist, den Gründen zur Annahme der Anwesenheit einige neue Momente hinzugefügt zu haben. Der Weg, den wir in der vorliegenden Arbeit einschlagen, ist durch die Darstellung der Entwickelung des Streites gegeben.

Zum Verständnis der Annahme einer heimlichen Reise Friedrichs und der Veranstaltung einer Fürstenversammlung in Frankfurt bedarf es eines kurzen Blickes auf die Verhältnisse im Reiche.

Lange sind in Deutschland die Fäden zur Entthronung Friedrichs gesponnen; schon der Fürstentag zu Eger sollte eine Absetzung bringen — es fehlte nur an einer geeigneten Persönlichkeit zur Üebernahme des Gegenkönigtums .... Heinrich, Landgraf von Thüringen, willigte nicht ein, und die lang im Geheimen betriebene Arbeit des Kurie, besonders des Reichsverwesers, Sifrid von Eppstein, Erzbischof von Mainz schien vergeblich gewesen zu sein. Jetzt, als der Kampf zwischen den beiden höchsten Gewalten, der Kurie und dem Imperium, an Erbitterung und Rücksichtslosigkeit keine Grenzen mehr kannte, traten an Heinrich schwerere Versuchungen heran.

Im Sommer des Jahres 1241 zog Kaiser Friedrich mit grosser Heeresmacht vor die Stadt Rom, um den Papst zum Abschluss eines der kaiserlichen Sache günstigen Friedens zu zwingen. Aber der hochbejahrte Gregor wollte in seiner Unbeugsamkeit lieber die Not der Belagerung über sich ergehen lassen, als sich seines entschlossenen Gegners durch augenblickliche Nachgiebigkeit entledigen. Die Glut und die Krankheiten des römischen Sommers

---

1) Schirrmacher a. a. O. Band IV, Beilage I.
2) Huber a. a. O. Ficker a. a. O.

vermochte jedoch sein hinfälliger Leib nicht mehr zu ertragen: am 21. August verschied er, während der Feind die Stadt mit eisernem Ringe umschlossen hielt.

Vorzüglich in Deutschland regte sich jetzt wieder unter den geistlichen Fürsten die Opposition gegen Friedrich; denn einem schon seit mehr als 2 Jahren gebannten Kaiser, dem man obendrein die Schuld aufbürdete, den Tod Gregors veranlasst zn haben, wollte man nicht mehr gehorchen. Am 10. Sept. schlossen die Erzbischöfe von Mainz und Köln ein Bündnis gegen ihn und eröffneten bald darauf ihre Feindseligkeiten durch einen Einfall in das Reichsgebiet der Wetterau. Zugleich suchten sie unter den deutschen Fürsten Anhänger zu finden, was ihnen auch gelang; zumal bei Heinrich Raspe und König Wenzel von Böhmen.

Friedrich erfuhr davon noch im November.[1]) Er führt in einem Schreiben, wahrscheinlich an Heinrich gerichtet, bittere Klagen über jene beiden Männer, welche er selber zu ihrer Machtstellung erhoben und die jetzt seine Gnade derart missbrauchen; er verheisst, dass er, sobald ein neuer Papst gewählt sei, erscheinen werde, um die Empörung zu dämpfen.[2])

Indessen verschlechterte sich bald Friedrichs Lage in Italien. Die lombardischen Städte widersetzten sich, einige Fürsten fielen ab, von Osten her drohte dem Reiche ein neuer Einfall der Mongolen. Als dieser glücklich abgewendet war, schien da nicht der Zeitpunkt zu einem Abfall geeignet? Kam jetzt ein neuer Papst, so brauchte er nicht eine besonders kriegerische oder diplomatische Natur zu sein, um sich diese Verhältnisse zu Nutze zu machen, Friedrich in seiner bedrängten Lage festzuhalten, ihm die Grossen in Deutschland zu verfeinden und ihn, wenn möglich, ganz zur Unterwürfigkeit zu zwingen.

In Deutschland war ein grosser Teil der Fürsten nur zu geneigt dazu, voran Heinrich von Thüringen und Wenzel von Böhmen.

Denkbar ungünstig war die Lage Friedrichs. Um so mehr ist der plötzliche Umschwung der Gesinnung des Landgrafen und des Königs von Böhmen zu bewundern, denn Tatsache ist, dass die drohende Gefahr eines Gegenkönigtums in Deutschland auf einige Jahre überwunden wurde, bis es im Jahre 1245 endlich doch der Kurie gelang, den wankelmütigen Landgrafen — den Pfaffenkönig, wie er genannt wurde – zur Annahme der Krone zu bewegen „im Vertrauen auf den ewigen Schutz der Kirche.“ [3])

Heinrich Raspe erscheint am 1. Mai 1242, anstelle des ungetreuen Sifrid als Reichsverweser; seine Sinnesänderung ist mithin die Folge der kaiserlichen Ernennung.[4])

Konnte nun, so fragen wir, dieser Umschwung geschehen, wenn Friedrich durch Boten mit Heinrich verhandelte? Konnte den Landgrafen das Reichsverweseramt locken, wo ihm die Krone winkte? Lief der Kaiser nicht Gefahr, eine ablehnende Antwort und die offene

[1]) Böhmer, Reg. J. V. 3239 H.-Br. VI, 3.
[2]) a. a. O. nam surrex erunt etc.
[3]) Mat. Par. a. a. O. 278, 40 f.
[4]) H. B. VI. 880.

Erklärung des Abfalls auf sein Anerbieten zu erhalten? Friedrich sah diese Gefahr und eben darum wollte er sicher gehen.

Er kannte Heinrich, er wusste, dass persönliche Einwirkung bei ihm guten Boden fand; er wusste aber auch, dass Elger, Heinrichs Hofrat und vertrauter Freund zugleich ein Freund und wahrscheinlich das Werkzeug Sifrids war, des eifrigsten Schürers gegen sein kaiserliches Haus.

Hier musste ein Gleichgewicht der Beeinflussung geschaffen werden und das konnte nicht durch Unterhandlungen und Gnadenerweise geschehen, dazu bedurfte es einer autoritativen Macht der persönlichen Anwesenheit.

Die Annahme, dass Friedrich indertat den kühnen Schritt wagte, stützt sich aber ausser dieser Betrachtung der gegebenen Verhältnisse auf einige Quellenberichte, die von einer solchen Reise sprechen: Matheus Parisienses berichtet für das Jahr 1243 folgendes:

[1]) Haec autem sagaci mente perpendens pericula dominus Imperator, commisit regendum exercitum suum cuidam sibi familiarissimo, et nulli pandens tanti consilii sacramentum, illac lora dirigit festinanter et eo fiducialius, quod memoratus Andegravius in dictam electionem non adhuc plene consentit, imo potius tam consensum, quam responsum, Germanicis suspendit. Dilexit enim Imperatorem, et Romanae curiae odivit cavillationes. Accedente igitur ad ipsum Imperatore, et vocante eum pacifice et secreto in loco tuto, adeo mutuis colloqutionibus et amicis confabulationibus antea recessum suum ad invicem, datis dextris confoederati sunt, ut de suspecto factus est idem Andegravius amicus tutissimus et omnibus qui eum elegerant manifeste significavit, quod tam temere praesumptionem non adquievit. Et sic ad votum perfecto negocio ad exercitum suum Imperator, eadem qua recessit (accessit) prudentia, remeavit.

Ausser dieser Stelle, in der die Reise des Kaisers bezeugt ist, haben wir noch eine andere bei Math., die dasselbe Ereignis für das Jahr 1244 berichtet. Diese lautet: [2])

Et dum super hoc penderet sententia ecce Imperator rapido cursu illuc advolans, paucis et consciis concomitantibus, cui haec noto facta sunt, animum dicti Landegravii adeo effoeminatum divertit ab hoc proposito, quod facti sunt dominus Imperator et ipse Landegravius amicissimi et confoederati et affines; et dedit Landegravius Imperatori munera, et Imperator ei. Et hoc negocio consummato, sicut clanculo venerat dominus Imperator et subito, sic recessit.

Diese beiden Berichte des Math. würden an sich wohl anzufechten sein wegen der bekannten Ungenauigkeit des Chronisten; in unseren Stellen liegt klar eine falsche Datierung vor. 1243 und 1244 — zweimal ist der Kaiser sicher nicht heimlich in Deutschland

---

[1]) a. a. O. p. 230,15.
[2]) a. a. O. pag. 244,16

gewesen — aber auch weder 1243 noch 1244 kann es gewesen sein; denn in beiden Jahren ist der Kaiser urkundlich in Italien gewesen. Hierin zeigt sich eben die gerügte Ungenauigkeit des Math. Streichen wir das Datum, so bleibt dennoch die wichtige Tatsache einer heimlichen Reise zu irgend einer Zeit bestehen und darauf kommt es uns zunächst an, und durch diese wird der Bericht des Matheus ein wichtiges Zeugnis; die Tatsache einer Anwesenheit wird berichtet.

Ziehen wir zu diesen Berichten das Legendarium heran! Die zutreffende Stelle lautet:

„Appropinquante vero termino vespertino, quo summus paterfamilias suo servo fideli et mercenario, fratri Elgero, die noctuque in vinea domini sabaoth laboranti, mercedem, condignam reddere volebat, regnante tunc Friderico imperatore secundo, qui convocacionem principum in Alemannia habuit in Frankenfort. Vocatusque eciam fuit illustris princeps Heynricus, Thuringorum lantgravius et postea rex Romanorum electus, qui suum confessorem, scilicet venerabilem priorem, fratrem Elgerum, secum ad iter assumpsit, tanquam sanctum virum et consiliarium et directorem singularem. Et venerunt in Frankenfort, et factum est cum ibi essent: Iste sanctus pater se ad conventum fratrum predicatorum recepit, sicut decuit, dulciter cum fratribus conversando, et principes sibi noti et ignoti propter ejus famam bonam, qua per totam Alemanniam currebat, ipsum visitantes, et singularis dominus Syfridus archiepiscopus Maguntinus, qui ipsum precipue dilexit et ad multa negocia ecclesie sue frequenter ipsum direxit. Tandem in festo assumptionis beate Marie servus dei, frater Elgerus, correptus febribus cepit infirmari, et de die in diem languor crescebat. Videns et cognoscens, mortem sibi imminere, convocatis aliquibus fratribus de conventu Ysenacensi, quorum prior erat, diem obitus sui eis indicavit. Hiis verbis finitis, plicatis manibus et oculis in celum levatis dixit: in manus tuas, domine, commendo spiritum, et coram multis fratribus orantibus et lugentibus dormivit cum patribus suis, anno domini MCCXLII."

Auch in diesem Berichte haben wir die Erwähnung einer Anwesenheit des Kaisers zu einer Besprechung mit Heinrich Raspe und somit liegen 3 direkte Zeugnisse vor, welche die Annahme der These empfehlen. Zu diesen kommen noch eine Anzahl indirekter. Kurz vor dem 20. Oktober 1241, also vor der Neubesetzung des päpstlichen Stuhles, wo der Kaiser bereits genau von der gegen ihn ins Werk gesetzten Conjuration unterrichtet ist, erhalten wir schon Nachricht über eine von dem Kaiser beabsichtigte Reise und zwar in einem Briefe von des Kaisers Hand an einen deutschen Fürsten, wahrscheinlich an Heinrich v. Thüringen selbst, in dem er sich über den Abfall Sifrids beklagt.

Die diesbezügliche Stelle des Briefes lautet: [1])

Nam surrexerunt ex adverso turbatores pacis et imperii, viri, quos exaltavimus, quibus nos et imperium nostrum commisimus, blasphemiis persequentes et injuriis nomen

[1]) H. B. VI [8] irrtümlich ins Jahr 1246 gesetzt.

nostrum, fideles et terras nostras ferro et flamma vastantes, quin potius machinantes dilectos nobis coadjutores et imperii principes a nostra et imperii ditione, licet frustra conarentur avertere . . . Nos igitur, qui nostris humiliatam mandatis Italiam per ordinatos nostros commode procuramus, et per te et principes alios pure mentis regnum Germanie contra novos hostes confidimus strenue defensari, assumpto in brevi Sedis Apostolice patre qui nobis et imperio tanquam alterius gladii consors existat, ad cujus promotionem venerabiles fratres cardinales intendunt potentiam nostram in Germaniam dirigemus ut tui et aliorum dilectorum nobis principum freti consilio, tranquillum statum imperii de bono in melius disponamus et te quoque nostri participem congaudii faciamus.

Nun ist es freilich von vorneherein nicht ganz sicher, dass Heinrich der Empfänger dieses Briefes gewesen ist — eine Adresse fehlt — und ebenso unsicher, dass wir unter dem congaudium die Erweisung der kaiserlichen Gnade, durch Verleihung des Reichsverweseramtes zu verstehen haben. Wäre nicht Heinrich der Empfänger, so erführen wir dennoch durch das Schreiben, den Vorsatz des Kaisers. Jedoch die Zeitumstände und der Erfolg legen es nahe, an Heinrich als Adressaten zu denken. Es war einer der Mächtigsten im Reiche, bei ihm konnte der Kaiser sich beklagen und diese Klage war zugleich eine zarte Anklage, die dem Landgrafen an das frühere treue Verhältnis zum Kaiser mahnte. Und er und der König von Böhmen hatten am meisten Teil an der Freude der wiederhergestellten Reichseinigkeit — beide wurden zu Reichsverwesern ernannt. Heinrich erscheint als solcher zuerst am 1. Mai 1242 von Konrad, Friedrichs Sohn, so genannt. [1])

Dieses bestimmte und allgemein anerkannte Datum gibt uns einen Fingerzeig für den 2. Teil des Beweises, nämlich für die Möglichkeit der Datierung der bisher nur unsicher berichteten heimlichen Reise.

Ist Heinrich am 1. Mai Reichsverweser, so muss die kaiserliche Ernennung spätestens im April erfolgt sein. Mithin sind wir gezwungen, die Versammlung spätestens in den April zu legen, die Reise spätestens in den März. Nun aber fragt es sich: Ist es möglich, eine Reise in den Nachrichten über den Aufenthalt des Kaisers in dieser Zeit unterzubringen? Die Führung dieses Nachweises ist die nächste und wichtigste Aufgabe für die Aufrechterhaltung der These.

Am 30. Januar 1241 schreibt[2]) Friedrich einen Brief von L'Inccoronata in der Nähe von Foggia in Nord-Apulien an den König von England, in dem er seiner Trauer über den Tod seiner Gemahlin Isabella, der am 1. Dezember 1241 erfolgte, Ausdruck giebt. Zugleich trifft er in einer anderen Urkunde Anordnungen über das Begräbnis.

---

[1]) H. B. VI. 330 Quem augustus pater noster procuratorem nobis et imperio deputavit per Germaniam. cf. H. B. VI, 100.

[2]) H. B. VI 26.

Im Februar[1]) haben wir gar keine Urkunde (die kaiserlichen Berichte über den Tod Heinrich (VII.) sind sämtlich ohne Datum, sodass sie sehr wohl später abgefasst sein können.) Im März[2]) findet sich eine Urkunde über die Legitimation und Gleichstellung der Geburt des Johann und Balduin, der Söhne Burchards von Avesnes. Auch diese ist ohne Datum[3]). Im April ist der Kaiser[4]) wieder in Neapel.

Indertat finden wir hier also im besten Falle, d. h. wenn wir die Märzurkunde in die letzten Tage verlegen, 8 Wochen, in denen wir nichts vom Kaiser in Foggia, wo er sein Standquartier hatte, beurkundet haben. Und diese Zeit als die der Reise anzunehmen, scheint demnach aus doppelten Gründen geboten:

I. Weil sie kurz vor der ersten Nennung des Landgrafen als Reichsverweser liegt.

II. Weil in dieser Zeit keine Urkunden des Kaisers vorliegen.

Nehmen wir 7 Wochen an, wozu wir wohl berechtigt sind, so teilt sich diese Zeit in 3 Wochen Hinreise, ca. 1 Woche Fürstenversammlung und 3 Wochen Rückreise. Gewiss eine Gewaltreise, aber gleichwohl ist sie möglich. Wissen wir doch,[5]) dass die Bestellung eines Briefes von Mitteldeutschland bis Rom 3—4 Wochen dauert, wie aus einem Briefe ersichtlich ist, der am 18. Mai 1219 vom Papste an Friedrich abgesandt und bereits am 24. Juni in seinen Händen ist. Und dem Kaiser standen gewiss bessere Mittel zu Gebote als dem Träger eines päpstliches Briefes.

Kann von einer Reise überhaupt die Rede sein, ist es zweitens erwiesen, dass eine solche Reise in so kurzer Zeit möglich ist, wie für sie nach den Urkunden zu Gebote steht, so wächst die Wahrscheinlichkeit der Reise zur Gewissheit, wenn wir die Zeitverhältnisse heranzuziehen imstande sind, die durch solche (bisher angenommene) Anwesenheit erst das rechte Licht erhalten. Und solche sind gefunden:

a. Die Vogtei über das Kloster Nonnenmünster war i. f. 1237 dem Grafen Spiegelberg vom Kaiser übertragen worden. Bischof und Bürger von Worms erbitten darauf vom Kaiser die Erlaubnis, die Abtei wieder erwerben zu dürfen. Der Kaiser willigt ein. Nun schliesst die Urkunde:[6]) et ideo quicunque est magister civium advocatus Nunnemuenster existebit. Dies letztere, dass der Bürgermeister zugleich Vogt von N. ist, trifft erst am 25. März 1242 ein, wo der Bischof die Bürger auf

[1]) H. B. VI 27—32.
[2]) H. B. VI 33.
[3]) cf. Böhmer Reg. V. 3279.
[4]) H. B. 35. B. R. V. 3283.
[5]) Winkelmann. Friedrich II. S. 117. Anm. 2.
[6]) Annal. Worm. M.-G. XVII 46 p. ad ann 12, 38.

ewige Zeiten mit der Vogtei belehnt, nachdem er sie wieder erstanden: am 25. März 1242 finden wir die diesbezügliche Bemerkung:[1]) recuperatam per nos ab invectissimo domino Friderico.

Also am 25. März 1242 zeigt sich Friedrich dem Bischof und den Bürgern von Worms gnädig. Verständlich ist dieser Gnadenakt erst bei Annahme einer Anwesenheit Friedrichs in Frankfurt. Es lag ihm alles daran, sich Freunde zu erwerben, besonders am Rhein. Durch einen Gnadenakt konnte er sich hier den Bischof und die Stadt verpflichten, sodass beide an dem Congaudium teilnahmen.

b. Im Jahre 1242 suchte, nach den Ann. Worms.[2]) Erzbischof Sifrid die Gegend von Castel, die von Philipp v. Hoenfels und Philipp von Falkenstein dem Kaiser übergeben war, zu verwüsten. Als Zusatz ist dem Berichte beigefügt: Als der Erzbischof mit den Seinen angekommen war, war auch der Stadtrichter Marquardt von Oppenheim in Castel.[3]) Die ganze Nachricht ist ohne Datum.

Nun finden wir Marquard, Hoenfels und Falkenstein am 27. Juli als Zeugen einer Urkunde Konrads in castris apud Wormatiam. Die Belagerung hat demnach wahrscheinlich im Juli 1242 stattgefunden. Konrads Verheerungszug in den Rheingau und die Fehde des Erzbischofes wird dagegen spätestens in den April gefallen sein, da sie erst in diesem Monat des grossen Brandes erwähnt werden.[4]) Vorher waren sie schwerlich, da sich Konrad den Mainzern wegen ihrer Treue noch im Februar gnädig erweist.[5])

Nehmen wir den Fürstentag an, so ist folgender Gang der Entwicklung einleuchtend: Nachdem der Kaiser in der Fürstenversammlung Heinrich für sich gewonnen und den ganzen Plan Sifrids durch die kühne Reise zerstört hatte, scheute sich dieser nicht länger, offen gegen Friedrich vorzugehen, indem er zunächst die Burgen Kirchberg, Spanheim und Ruhinberg durch den Erzbischof von Köln der Mainzer Kirche zu Lehn übertragen liess.[6]) Am 20. April geht der Erzbischof von Köln vor, zugleich dringt auch der Mainzer in die Bezitzungen des Pfalzgrafen Otto volens nocere cum magno exercitu domino Ottoni palatino.[7]) Die Wormser weigern sich den Erzbischof zu unterstützen, versagen ihm sogar die Lieferung von Fourage[8]) und so kommt es zum Bruch. Der Erzbischhof sucht sie zu schädigen,

[1]) Böhm. Font. II. 224.
[2]) Annal. Worm. a. a. O. pag. 47.
[3]) B. F. II 224. Mon. Germ. XVII, 48. erat namque Marquardus scultetus de Oppenheim in Castella.
[4]) M. Germ. XVII, 47.
[5]) Böhmer Reg. Conradi 41.
[6]) Böhmer Reg. Reichss. no 169.
[7]) Ann. Worm M.-G. a. a. O.
[8]) ibidem.

rückt dann zur Belagerung des Marquardus vor Castel, und die Wormser ziehen nun zum Entsatz heran.[1]) Sind die beiden letzten Momente auch grade keine Beweise für die Anwesenheit Friedrichs, so werden sie doch erst durch die Annahme einer solchen verständlich. Warum grade jetzt im April ein Angriff? Nun war dem Erzbischof die Maske fortgerissen; durch die Übertragung des Reichsverweseramtes von Sifrid auf Heinrich war er beleidigt, der Landgraf verpflichtet; nun lag die letzte Hoffnung, zugleich der Ausdruck der Erbitterung über die vergeblich aufgewandte Mühe, in einem offenen Angriff.

Soweit der Beweis für die These.

Überblicken wir die Gründe, so finden wir 3 Arten von Beweis-Momenten.

I. Direkte Beweise: Math. Paris; Legendarium.

II. Indirekte Beweise: Briefe des Kaisers, Möglichkeit der Datierung der Reise.

III. Zusammenhang mit den Zeitereignissen.

Die Heranziehung und genaue Währung der Quellen, die einen direkten Bericht enthalten, die Benutzung indirekter Quellen und endlich der Zeitumstände, die mit einer Anwesenheit in Zusammenhang gebracht uns erst verständlich werden, sprechen für die Annahme der These.

Allein schon die bedrängte Lage Friedrichs machte es nötig, durch einen besonderen Eingriff die Gährung, ja die offene Conjuration zu unterdrücken — es musste hier etwas ganz besonderes geschehen. Und einer solchen Erregung gegenüber gab es nur eins, das bestimmend wirken konnte, persönliche Aussprache, persönliche Einwirkung, persönlicher Einfluss.

Tatsächlich ist es gelungen, der Kurie alle feinen Fäden zu durchschneiden, die sie seit Jahren sorgfältig zu einem Netze gewoben hatte, in dem sich der Löwe fangen sollte. Diesmal entging er ihr nicht nur, sondern entzog dem Feinde auch noch seine besten Stützen, den Landgrafen und den König von Böhmen. Beide sind fortan als ernannte Reichsverweser dem Kaiser verpflichtet und für die nächsten Jahre an ihn gebunden.

Aufgestellt wurde die These zuerst von Schirrmacher, im IV. Bande seines: Friedrich II. 1865. In die bald darauf erschienenen Werke wurde die Reise als Tatsache aufgenommen,[2]) ja sogar von Winkelmann, dem genauesten[3]) Kenner der Geschichte Friedrich II. als „glänzend bewiesen" anerkannt.

Im Jahre 1870 nahmen Huber und nach ihm Ficker den Kampf um die These auf, sodass sie seitdem als Kontroverse besteht.

---

[1]) 48.
[2]) cf. Sugenheim. Geschichte des deutschen Volkes II 545. 556.
Winkelmann. Geschichte Kaiser Friedrichs II und seine Reiche IIa 59.
A. Kirchhof. Erfurt im 13. Jahrhundert S. 132.
Knochenhauer. Geschichte Thüringens 358.
[3]) Huber. a. a. O. 149.

Der zweite Teil der uns gestellten Aufgabe besteht nun darin, auch die Gegengründe darzustellen und sie auf ihre Beweiskräftigkeit zu prüfen.

Die Antithese lautet: „Eine Anwesenheit Friedrich II. in Deutschland im Jahre 1242 ist undenkbar; die für die Annahme gegebenen Beweise sind nicht stichhaltig [1]) Die Beweise lassen sich in 6 Punkte zusammenfassen Gegen die These sprechen:

I. Die anerkannte Unzuverlässigkeit des Matheus Paris im einzelnen

II. Unwahrscheinlichkeit der Reise zu der von ihm angegebenen Zeit.

III. Unvereinbarkeit der Nachricht des Legendariums mit der des Matheus.

IV. Die nachgewiesene Unglaubwürdigkeit des Legendariums.

V. Entgegenstehende Nachricht des gut bezeugten Richard von San Germano.

VI. Unmöglichkeit der Reise wegen

a) des vorgerückten Alters Friedrich II

b) der grossen Strecke

c) der Urkundenlosigkeit während dieser Zeit, d. h. im Februar, März.

Die ersten fünf (von Huber aufgestellten) Gründe richten sich alle gegen Punkt I und II der These, in denen es sich um die urkundlichen Quellen handelt, nämlich um die beiden Berichte des Matheus und um das Legendarium.

Sehen wir uns die einzelnen Punkte genauer an.

I. Die anerkannte Unzuverlässigkeit des Matheus Paris im einzelnen.

Schon die äussere Form dieser These zeigt, dass wir in diesem Punkte nichts Neues zu erwarten haben. Die Unzuverlässigkeit des Matheus Paris ist allerseits anerkannt, soweit seine Nachrichten Einzelheiten betreffen. Dennoch aber sind seine Berichte nicht unbedingt zu verwerfen, sondern es bleibt die Aufgabe des Historikers, den Kern, der in den Nachrichten enthalten ist, behutsam herauszuschälen, im Zusammenhange der sonstigen Forschungen zu verwerten und in diese gegebenen Falles einzureihen.

Besonders angefochten und wohl nicht der Wahrheit entsprechend ist die von dem Chronisten berichtete Entsendung Enzios mit 4000 Reitern nach Deutschland im Jahre 1241 und die Niederlage der Tartaren iuxta ripam apud Delphos. Ferner ist der Bericht über den grossen Sieg Konrads über den Landgrafen und Gegenkönig im Jahre 1247 angefeindet Die letztere Nachricht lässt sich noch halten. Ein grosser Sieg ist es nicht gewesen; dass aber Konrad mit einem Entsatzheere der durch den Landgrafen bedrängten und belagerten Stadt Ulm zu Hilfe gekommen ist, ist von keiner Seite gegenteilig bezeugt. Am 12. Dezember 1246 steht Konrad in Aachen, Ende Januar kann er in Ulm sein.

Jedoch bedarf es nicht der Mühe, die Glaubwürdigkeit unserer Quelle im Einzelnen festhalten und verteidigen zu wollen; sie würde vergeblich und für unsern speziellen Fall nicht

[1]) cf. A. Huber. Forschungen zur Deutschen Geschichte X 1870. p. 649. Ficker. Sitzungsbericht des kaiserlichen Akademischen der Wissenschaften zu Wien 1871. Bd. 69 p. 275 flg.

einmal gewinnbringend sein. Grade unsere citierte Stelle ist der beste Beweis für die Ungenauigkeit des Chronisten. Wäre als Gegenthese aufgestellt: Matheus verdient volle Anerkennung, und hätte diese Behauptung bewiesen werden können, so hätte notgedrungen die Urthese fallen müssen. Der negative Satz jedoch bringt weder etwas Neues noch einen Gegenbeweis, da die These ebendieselbe Ungenauigkeit kennt. Jedoch würdigt sie den Berichterstatter besser, indem sie mit seiner Eigenart rechnet. Matheus „horcht und spürt überall" [1]) und so hat er von der Reise des Kaisers vernommen und berichtet dieses, freilich in falschem Zusammenhange. Er spricht zuvor von der Flucht des Papstes Innocenz IV. (1244) und so kommt er zu einer Datierung für das Jahr 1243 resp. 44. Ungenau ist der Bericht; jedoch haben wir hier — worauf es bei der anerkannten Ungenauigkeit im einzelnen am meisten ankommt — eine doppelt berichtete Tatsache, die nichtfortzuleugnen ist.

Bei der Bemühung aber, diese Berichte nicht als beweiskräftig anzuerkennen, ist dem Gegenbeweise meines Erachtens ein logischer Fehler unterlaufen.

Obwohl im 1 Punkte die Unzuverlässigkeit im einzelnen festgestellt ist, basiert der ganze Gegenbeweis in Nr. II, betreffend die Unwahrscheinlichkeit der Reise zu der von Matheus angegebenen Zeit, also 1243 und 1244, ganz auf dem einzelsten, indem er sich lediglich mit diesen Daten beschäftigt, die allerdings, wie von jeder Seite zugegeben ist, nicht stimmen. 1243 ist Friedrich in Italien durch die Belagerung von Viterbo aufgehalten und 1244 durch die Verhandlungen mit dem Papste, und seine Anwesenheit ist verschiedentlich in den einzelnen Monaten bezeugt.

Jedoch der Umstand der anderweitigen Beurkundungen des Kaisers in dieser Zeit ist nicht ein zureichender Grund, den ganzen Bericht zu streichen, sondern gibt nur zwingende Veranlassung, die Zeitangabe desselben aufzugeben.

Schon im ersten Teil der Arbeit ist die Datierung des Matheus als unrichtig und ungenau beiseite gelassen und es ist alles Gewicht einzig und allein auf den urkundlichen Bericht der Tatsache gelegt.

Für die Datierung der Reise und damit für die Berichtungen der Quelle sind andere Wege eingeschlagen, die zu einem sichern Ziele führen.

Nach Beseitigung des logischen Fehlers in dem Verhältniss der beiden Punkte und nach der vorgenommenen Korrektur des Chronisten glaube ich die beiden ersten Punkte der Entgegnung auf einen einzigen zurückführen zu können und dann würde die Gegenthese lauten:

„Die Ungenauigkeit des Matheus Paris im einzelnen macht die Reise zu der von ihm angegebenen Zeit 1243,44 unwahrscheinlich." Gegen diese Fassung, die ich glaube mit Recht konstruieren zu können, kann von keiner Seite etwas angewandt werden und damit ist sie als Gegenbeweis hinfällig.

---

[1]) Schirrmacher a. a. O.

Fassen wir das Urteil über diese ersten beiden Punkte zusammen, so müssen wir festsellen:

Punkt I und II bringen nichts Neues, was nicht schon klargestellt wäre. Sie enthalten den Fehler, dass obwohl schon in der ersten Matheus als unglaubwürdige Quelle verworfen ist, trotzdem in der zweiten ein Punkt, der unglaubwürdigste, herausgehoben wird; auf diesen gestützt, wird die Anwesenheit des Kaisers bestritten. Wir begegnen diesem Fehler noch einmal im Punkt III der Unvereinbarkeit der Nachricht des Legendariums mit den Angaben unseres Autors.

Abgesehen von der erwähnten Inkonsequenz, scheint dieser Punkt auf den ersten Blick mehr Anspruch auf Beweiskräftigkeit zu haben als die ersten beiden.

Indertat scheint es ein Widerspruch zu sein, dass nach Matheus der Kaiser den Landgrafen Heinrich von Thüringen secreto an einen sichern Ort rufen lässt und im Legendarium einen förmlichen Fürstentag, convocationem principum in Alemannia habuit in Frankenfort, der nebenbei noch ziemlich stark besucht war, da noti et ignoti den Elger im Kloster besuchen. Am schwerwiegendsten aber ist, dass Sifrid, der Urheber und eifrigste Betreiber der coniuratio, derjenige, der am meisten interessiert war Heinrich an die Sache der Kurie zu fesseln, dort erschienen sein solle.[1])

Wie lösen sich diese augenscheinlichen Schwierigkeiten?

Die heimliche Berufung berichtet Matheus. Ihm kommt es darauf an, die Tatsache zu berichten, dass der Kaiser unerwartet die gewaltige Reise unternommen und seinen Zweck erreicht hat. Secreto geschah die Reise, wie das Fehlen jeder Spur des Weges, das Fehlen jeder Urkunde von Friedrichs Hand während des Zuges bestätigt. Vom abgehaltenen Fürstentag hat er einfach wie alle übrigen Chronisten nichts gewusst.

Dieses Nichtwissen jedoch berechtigt noch durchaus nicht zu dem Schlusse, dass die Versammlung überhaupt nicht stattgefunden habe, noch viel weniger zu der Folgerung, dass der einzige Bericht, „das Legendarium nicht den geringsten Glauben verdiene.“[2])

Auch der höchst wichtige Hoftag zu Worms im Jahre 1231 ist von keinem einzigen Chronisten erwähnt und doch würde niemand einer Quelle, die jetzt vielleicht gefunden würde aus dem einzigen Grunde, dass sie allein dasteht, Unglaubwürdigkeit zum Vorwurf machen.

Eine andere Möglichkeit der Erklärung gibt die Übersetzung von habuit convocationem mit: er liess eine Versammlung abhalten, vielleicht durch seinen Sohn Konrad.

Jedoch dagegen spricht:

I. Hätte der Kaiser die Ernennung übersandt, so wäre eine Reise Heinrichs nach Frankfurt überhaupt unnötig gewesen.

[1]) Huber a. a. O. p. 652.
[2]) Huber l. c.

II. Hätte der Kaiser Heinrich entbieten lassen[1]), um ihm durch seinen Sohn das Reichsverweseramt zu verleihen, was bedurfte es da des Mitbringens des hochbetagten Priors. Endlich III contionem habuit als Ausdruck für eine Versammlung mit stellvertretendem Vorsitzenden wäre eine äusserst nachlässige Ausdrucksweise des Chronisten, die wir ihm nicht zumuten können

Schwerwiegender als diese beiden soeben zurückgewiesenen Einwände ist die Erwähnung der Anwesenheit Sifrids, und hier müsste man anfangen zu zweifeln, wenn die Sache sich wirklich so verhielt, dass der Erzbischof schon zum Fürstentag in Frankfurt gewesen sei.

Er, der rührigste unter den Feinden Friedrichs, dem soeben wegen seiner Untreue das Reichsverweseramt genommen war, er sollte sich unter die Augen des gefürchteten Kaisers gewagt haben? Das scheint indertat bedenklich.

Jedoch auch dieser Widerspruch ist nur ein scheinbarer, der von den Gegnern der These in das Legendarium hineingelesen war. Mit Recht ist darauf hingewiesen,[2]) dass Sifrid nur unter den Besuchern des Elger im Kloster erwähnt wird.

Elger war einer seiner noti, ihm eng verbunden — er wird schon lange der direkte Verbindungsweg zwischen ihm, dem Erzbischof, und Heinrich gewesen sein. Was wunder, wenn er nach dieser niederschmetternden Versammlung sein Werkzeug, der den Landgrafen genau kannte, aufsuchte, um mit ihm die neue Sachlage zu besprechen?

Also nach der Versammlung erst, so müssen wir annehmen, erschien Sifrid in Frankfurt. Eine solche Beweisführung leuchtet ein und widerspricht in nichts den berichtenden Quellen. Aber damit fällt auch der Satz Hubers.[3]) Die Nachricht des Legendariums erhärtet nicht den Bericht des Matheus; sondern man sieht auf den ersten Blick, dass er mit diesem im vollständigen Widerspruch steht."

Der nächste Punkt betrifft die Chronologie.

Bei der Bekämpfung der von Schirrmacher[4]) bestimmten Datierung Februar-März 1242 hält sich Huber[5]) lediglich an das Legendarium, dessen völlige Unglaubwürdigkeit zu beweisen, wie wir sahen, der Gegenstand der vorherigen These war. In demselben wird berichtet, dass der Prior Elger in festo assumptionis Mariae beatae erkrankte. Daraus zieht Huber den Schluss, dass der in Frage stehende Fürstentag, wenn überhaupt, dann Mitte August stattgefunden haben müsse, da am 15. ca. die Himmelfahrt der Maria gefeiert wird. Nun aber steht diese Datierung mit kaiserlichen Urkunden und mit Rich. v. San Germano in Widerspruch; aus ihnen ist ersichtlich, dass Friedrich im Juni in Avezzano war, im Juli die Gegend von

[1]) Ficker a. a. O. p. 283.
[2]) cf. Schirrmacher. Forschungen zur Deutschen Geschichte XI 171. p. 337 f.
[3]) a. a. O. 652.
[4]) cf. Friedrich II. Beilage I.
[5]) Huber a. a. O. 652.

Rom verwüstete und im August in sein Königreich zurückkehrte [1]) — mithin ist eine Anwesenheit in Deutschland unmöglich.

Hiergegen ist einzuwenden:

Es steht nicht im Legendarium, dass Elger während der Fürstenversammlung erkrankte. Diese Anschauung ist wiederum hineingelesen. Vielmehr verhält es sich damit so: Nach der Versammlung ist Elger nicht mit seinem Fürsten nach Eisenach in sein Kloster zurückgekehrt, sondern in Frankfurt geblieben.

Nachdem Heinrich sich von der päpstlichen Partei losgesagt und sich dem in Bann befindlichen Kaiser zugewandt hatte, fühlte sich Elger bei seiner strengen kirchlichen Richtung im Dominikaner-Kloster zu Frankfurt, in der Nähe Sifrids, weit sicherer, als in Eisenach. Er blieb also, erkrankte im August und starb noch in demselben Monat. Heinrich erschien erst am Tage des Begräbnisses — war also nicht mehr in Frankfurt anwesend — und begab sich gleich darauf nach Eisenach zurück, indem er dafür sorgte, dass der Leichnam seines früheren Freundes und Ratgebers in seine Hauptstadt überführt würde.

Hiernach ist die Erkrankung des Priors als Grund für eine Datierung in den August nicht stichhaltig, damit auch nicht als Beweis gegen die These. Im Gegenteil, sie macht die Aufgabe einer solchen Datierung notwendig und das Abweichen ist nicht willkürlich, sondern bedingt [2]) Erinnern wir uns hier noch einmal daran, dass Heinrich am 1. Mai als Prokurator bezeichnet wird, so drängt sich uns die Frage auf: Wozu ein Fürstentag im August, wenn der Zweck schon am 1. Mai erreicht ist?

Wir sind demnach gezwungen, den Termin der Reise und die Versammlung als im Februar-März liegend anzusehen.

Eine einzige Notiz bei Rich. v. San Germano steht dieser Datierung entgegen und auch sie wird von den Gegnern herangezogen.[3]) Es handelt sich um einen Brief, den Friedrich nach Rom sendet, um verschiedene Justitiare zur Verantwortung zu ziehen. Geschrieben ist derselbe im März in Italien im Quartier des Kaisers zu Foggia.[4]) Wie kann, fragen die Gegner, der glaubwürdige Richard so etwas berichten, wenn der Kaiser überhaupt nicht anwesend ist.[5])

In Beantwortung dieser Frage gibt uns Ficker selbst in seiner Abhandlung über die „Datierung einiger Urkunden in den Sitzungsberichten" den Schlüssel.[6])

Ficker findet eine Urkunde, die von einer Reise des Kaisers spricht mit der Angabe: Wyene, 20. Nov. 1241. Wyene ist in Italien nicht zu finden; ausser Wien kann es kein Ort sein. An eine Reise dorthin ist nicht zu denken, da der Kaiser bis zum 1. Dezember, wo die Kaiserin stirbt, nicht zurück sein kann.

[1]) B. R. V. 3312—3322.
[2]) Huber a. a. O.
[3]) Ficker a. a. O.
[4]) Huber l. c. 653.
[5]) B. R. V. 3278a: Mense martii iustitiarii remoti a suis officiis apud Fogiam ab imperatore vocantur.
[6]) Ficker, Wiener Sitzungsberichte, Bd. LXIX p. 297f.

Nun fragt er, zugleich für verschiedene andere Urkunden: Woher stammen sie?' Und die einzige Antwort, die er findet: eine Fälschung von Namen, Titeln und Ortsangaben, nach seiner Meinung ausgegangen aus der Kanzlei Konrads (l. c. 305) [1].

Machen wir uns diese mit grosser Genauigkeit geführte Untersuchungen für unsere Urkunde zu Nutze, so können wir gewiss für eine so wichtige Reise, auf die alles ankam, möglichste Verborgenheit zu bewahren, annehmen, dass Urkunden entweder vorher oder nachher mit Fälschungen der Daten ausgestellt sind. Dafür wird Friedrich wohl gesorgt haben, dass ihm eine Urkunde seinen Zweck nicht vereitelte.

Was Richard betrifft, so war auch er im Glauben, dass der Kaiser in Foggia sei und den Tod seiner Gattin betrauere, während er sich in Wahrheit auf der gewichtigen Reise befand Zu diesem Punkte gelingt es auch noch,[2]) den Gegnern ihre letzte Stütze, den Richard zu entziehen, indem auch ihm ein augenscheinlicher Irrtum nachgewiesen ist. Im April kommen der Bischof von Brescia und der Erwählte von Bergamo aus der Lombardei ins Königreich. Bei Bergamo nehmen sie Aufenthalt, um den Kaiser hier zu erwarten. Bis zum Juni hätten sie hier bleiben müssen, da nach seinem Berichte der Kaiser erst in diesem Monat aus Apulien über Capua und San Germano sich nach Civita nova begab.

Nach den Annal Worm.[4]) weilt der Kaiser jedoch urkundlich im April in Neapel, Mai in Neapel und Capua, wohin er nach Richard erst im Juni kommen soll. Ein vollständiger Widerspruch, aus dem wir sehen, dass Richard tatsächlich über den Aufenthalt des Kaisers im Unklaren war. Er dachte ihn eben nur in Foggia.

Dieser Nachweis macht die Annahme einer Unsicherheit bei Richard unumgänglich, und damit haben wir ein Recht, die einzige im Wege stehende Nachricht zurückzuweisen und zugleich eine fürsorgliche Bestimmung des Kaisers, die Kanzlei betreffend anzunehmen.

Es bleibt nun noch die letzte Frage nach der Möglichkeit einer solchen Reise in so kurzer Zeit zu erörtern. Huber äussert sich nicht über diesen Punkt, Ficker[5]) hält die Ausführung nicht für unmöglich, aber „für eine recht ansehnliche Leistung eines Eilboten, jedoch nicht mehr denkbar für einen Mann, der den Fünfzigern nahe ist"

Hierzu ist zu bemerken, dass Friedrich es indertat sehr eilig hatte, und ihm standen sicherlich bessere Mittel zur Verfügung als einem Boten, der wie schon erwähnt 3—4 Wochen brauchte.[6]) Für gute Führung, Vorspann und Ruhestätten wird hinreichend gesorgt sein. Die Strassen waren infolge der häufigen Heereszüge gut, selbst die Alpenpässe passierbar.

Über den Weg wissen wir nichts, vielleicht ist der Kaiser zu Schiff bis Triest gefahren.

[1]) cf H. B. introduction LVII.
[2]) cf. Additamentum III zu Böhmer Regesten 1314—1347 S. XI.
[3]) cf. Schirrmacher. Forschungen XI 348.
[4]) Böhm. Fontes II. 181.
[5]) a. a. O. 280.
[6]) s. o. pag. 7.

Nehmen wir die kürzeste Verbindungsstrecke zu Lande von Foggia bis Frankfurt, so würde sich nach ziemlich genauen Messungen ungefähr folgendes Resultat ergeben:

Foggia—Ancona	300 km
Ancona—Verona	340 „
Verona—Innsbruck .	240 „
Innsbruck—{ Nürnberg / Augsburg	300 „
Nürnberg—Würzburg	105 „
Würzburg—Frankfurt	. 115 „
	1400 km

Die doppelte Anzahl (2800 km) verteilt sich auf wenigstens 21 Tage, sodass für den Tag eine Strecke von ca. 72 km zurückzulegen gewesen sein würde — allerdings eine ansehnliche Leistung.

Dass aber der gestählte Körper eines Kriegshelden den Strapazen eines solchen Gewaltmarsches gewachsen ist, beweist deutlich Karls XII. abenteuerlicher Ritt, den er am 10. Nov. 1714 mit einem einzigen Begleiter antrat. Durch Ungarn, Österreich, Baiern, die Pfalz, Westfalen und Mecklenburg nahm er seinen Weg und war bereits am 27. Nov. vor Stralsund; hatte also nur 16 Tage zu dieser Reise gebraucht.

Nehmen wir auch hier die kürzesten Strecken, so ergibt sich:

Demotica (Adrian, Sofia) Belgrad .	640 km
Belgrad (Budapest)—Wien .	510 „
Wien—Nürnberg .	440 „
Nürnberg—Braunschweig .	330 „
Braunschweig-Stralsund	. 170 „
	2090 km

Nach dieser Aufstellung fallen auf den Tag ca. 130 km, also fast das doppelte der Reise Friedrichs.[1])

Dieses Ergebnis bietet meines Erachtens den klarsten Beweis für die Möglichkeit einer solchen in Frage stehenden Reise. Freilich war Karl im jugendlichen Alter — 32 Jahre — aber krank und geschwächt durch die langen Entbehrungen, dazu ohne Mittel, die Reise genügend vorzubereiten und für die nötigen Ruheplätze und den Wechsel der Pferde zu sorgen- Friedrich dagegen gesund und elastisch. Dass auch im Alter ein gestählter Körper widerstandsfähig ist, sehen wir an Wilhelm I., der als 70—75jähriger die Kriege 1866 und 1870 mitmachte und in den Tagen von Königgrätz und Sedan fast ununterbrochen im Sattel sass.

[1]) Im Distanzritt Wien—Berlin wurden 570 km in $2^1/_2$ Tagen zurückgelegt, also auf den Tag 228 km.

Dass Friedrich selbst mit seiner Kriegsmacht, wo es not war, Gewaltmärsche unternahm, geht aus der Hilfeleistung hervor, die er am 31. Oktober 1236 seinen in Rivalta bedrängten Freunden brachte. Es wird berichtet:

Mox imperator, non piger in hoc, sed secuti hirundo per aethera volitando quadam die veneris de Cremona recedens venit ipsa die apud Sanctum Bonifacium pro magna parte combustum. Am 31. Oktober 1236 ist er also von Cremona aufgebrochen und hat tag und nacht zusammen 31 Meilen zurückgelegt. In San Bonifacio gönnte er seinen Truppen nur soviel Ruhe, um eiligst Speise nehmen zu können.[1])

Vergleichen wir hiermit die Bewegungen des französischen Hauptquartiers mit General Bonaparte an der Spitze am 29. und 30. Juli 1796 beim ersten Versuch der Österreicher, Mantua zu entsetzen, so ergibt sich folgendes:

Brescia (29. Juli morgens 9 Uhr—Montechiaro	20 km
Montechiaro—Castelnovo	38 „
Castelnovo—Desenzavo . .	19 „
Desenzaro—Peschiera	14 „
Peschiera—Roverbella Ankunft 31. Juli $3^1/_2$ morg.	31 „
	122 km

in $42^1/_2$ Stunden — ein Vergleich, der trotz der enormen Leistung zu gunsten Friedrichs ausfällt[2])

Die letzten Erinnerungen, bestehend in der Frage, warum der Kaiser auf der Rückkehr nicht die Verhältnisse in der Lombardei geordnet hat, wie er doch vorhatte[3]), sind meines Erachtens zu weitgehend. Diese Art der Fragestellung kann ins Unendliche führen. Auch der Einwand, dass für eine Reise nach Deutschland ebensolche politische Schwierigkeiten vorlagen, wie für die beabsichtigte Reise in die Lombardei, die der Kaiser auch aufgegeben, ist nicht stichhaltig. Dass die Wahl des neuen Papstes nicht allzu schnell von statten ging, dafür war gesorgt durch die Unterhandlungen betreffs der gefangenen Bischöfe. Nach der Wahl konnte der neue Papst die Gährung in Deutschland aufs beste für sich ausnutzen. Daher galt es für Friedrich, jetzt die günstige Zwischenzeit zu benutzen. Auch insofern liegt unsere Datierung richtig und wir haben keinen Anlass anzunehmen, dass der Kaiser seinen Plan aufgegeben hat, da kein zwingend hindernder Grund vorliegt, die Notwendigkeit der Ausführung der Absicht sich aber gesteigert hatte.

---

[1]) Ant. God. 82. Raumer III 598 in der Nacht v. 10.—11. Nov. Rolandin 207. Et hoc fuit in Vigiliis omnium Sanctorum . . in nocte

[2]) Bei grösseren Truppenbewegungen rechnet man mit Tagesmärschen von etwa 20 km bei Einschaltung eines Rasttages nach je 3 bis 4 Marschtagen. — Bei diesen Messungen war mir mein Studiengenosse, Herr Dr. Hortig, freundlichst behülflich, wofür ich ihm hierorts bestens danke.

[3]) Ficker a. a. O.

Werfen wir zum Schluss noch einen Blick auf die Arten der Beweisführung. Für die These sprechen drei Momente:

I. Direkte Quellen.

II. Indirekte Qellen.

III. Zeitumstände, die erst das rechte Licht bekommen durch Annahme der These

Diese drei Arten sind völlig von einander unabhängig, die Beweiskraft verschieden schwerwiegend, sodass eine richtige Abwägung der 3 Momente gegen einander erst den Beweis liefert.

Die Gegenthese jedoch knüpft an einen Punkt an, an die Quellen, ohne Rücksicht auf die übrigen. Von hier aus baut sie weiter, sodass mit einer Widerlegung das ganze Gebäude zusammenfällt. Dazu ist der Punkt, den die Gegner herausgreifen, m. E. der unwesentlichste. Es mag eigenartig erscheinen, die Quellen so niedrig anzuschlagen; jedoch ist für mich die Tatsache bestimmend, dass wir es in unserer Frage bisher mit einer Kontroverse zu tun haben. Wären die Quellen unzweifelhaft, so könnte von keinem Zwiespalt die Rede sein Dass dennoch alle Quellen, auch wo sie augenscheinliche Fehler an ihrer Spitze tragen, zu verwerfen sind, lehrt die Tatsache, dass es nicht unmöglich ist, selbst dem bestbeglaubigten Autor wie Rich. v. San Germano in einer Kontroverse Ungenauigkeiten nachzuweisen.

Die Entscheidung ist m. E. von einer soliden und ruhigen Heranziehung der begleitenden Zeitumstände abhängig zu machen. Stehen diese mit der aus ungenauen Quellen gewonnenen Anregung nicht in Widerspruch, ja werden sie durch die Annahme erst verständlich, so haben wir keinen Grund, die These zu verwerfen. Einer ruhigen Kombination muss es überlassen bleiben, das Wahrscheinliche in eine Form und eine Zeit zu bringen, die es als Tatsache annehmbar machen.

II. Teil.

Friedrichs II. kirchliche Stellung!

Literatur.

A. Quellen:

1. Huillard-Bréholles-Historia diplomatica Friderici II. (citiert H.-B.)
2. Böhmer, Regesta Imperii neubearb. von J. Ficker (cit. B.-R. und Nummer.)
3. Winkelmann, Epistulae saeculi XIII eclectae regestis pontificum Romanorum a. G. H. Pertz. Ed. b. Rodenberg.
4. Winkelmann: Acta imperii inedita saeculi XIII. Die Quellenschriftsteller selbst sind, falls nicht besonders angegeben, nach der Ausgabe der Monumenta Germaniae historica citiert.

B. Darstellende Werke:

1. Schirrmacher: Kaiser Fridrich II.
2. Winkelmann: Geschichte Kaiser Friedrichs II.
3. Winkelmann: Friedrich II. in den Jahrbüchern der deutschen Geschichte.
4. Fr. von Raumer: Geschichte der Hohenstaufen und ihrer Zeit Band III und IV.
5. Schlosser: Weltgeschichte Band VII.
6. Höfler: Kaiser Friedrich II.
7. Reuter: Geschichte der religiösen Aufklärung im Mittelalter. Band II.
8. C. Köhler: Das Verhältnis Kaiser Friedrichs II. zu den Päpsten seiner Zeit. (Untersuchungen zur deutschen Staats- und Rechtsgeschichte XXIV. Breslau 88).
9. O. Lorenz: Drei Bücher Geschichte und Politik. Bd. I.
10. J. Felton: Gregor IX.

11. Hoogeweg. Der Kreuzzug von Damiette 1218—21, in den Mitt. des Inst. für österr. Geschichtsfrschg. VIII, 1887. IX, 1888.

12. Nach Annahme dieser Arbeit von der hoh. philos. Fakultät zu Rostock als Diss. kam mir noch zu Händen:

Dr. jur. Th. Frantz: Der grosse Kampf zwischen Kaisertum und Papsttum zur Zeit der Hohenstaufen Friedrich II. Die Schrift behandelt in § 10 das vorliegende Problem. Frantz kommt zu dens. Resultaten wie Verf. in vorliegd. Abhandlg. Wertvoll ist die kleine Schrift durch die ergiebige Angabe des Quellen- und Literatur-Materiales in den Beilagen.

Hierzu kommen noch einzelne kleinere Schriften, die an den gegebenen Stellen vollständig citiert sind.

Von der Beantwortung der Frage, ob Friedrich ein Ketzer, ein Ungläubiger, ein Spötter gewesen, ja ob er selbst nach dem päpstlichen Stuhl oder doch nach Vereinigung der geistlichen Gewalt mit der weltlichen in Gestalt eines orientalischen Kalifates getrachtet habe[1]), ist lange Zeit und zu wiederholten Malen die Bedeutung Friedrichs II. und deren Beurteilung abhängig gemacht, und zwar zumeist in dem Sinne, dass daraus der Schluss auf Lug und Trug im Leben Friedrichs, auf Verworfenheit der Sitten und Hass gegen die Kirche gezogen wird, ein Schluss, der alsdann zum Ausgangspunkt der Beurteilung der ganzen politischen Tätigkeit, und Bedeutung gemacht wird[2]). Inbezug auf alle diese Fragen stehen wir auf dem Standpunkt, dass sie insgesamt den Kern der Bedeutung Friedrichs nicht treffen, mithin auch nicht geeignet sind, den Ausgangspunkt zu einer Beurteilung des grossen Staufen zu bilden[3]). Vielmehr haben alle diese Fragen nur untergeordneten Wert. Selbst zugegeben, dass Friedrich Äusserungen des Spottes über den Glauben der Kirche getan hat: auf den Gang seiner politischen Ideen hat dies sicher ebenso wenig Einfluss gehabt, wie seine Gattinnen oder gar die sarazenischen Mädchen seiner Umgebung.

Damit soll nun nicht gesagt sein, dass beides im Leben eines Fürsten überhaupt jemals eine grosse politische Rolle spielen kann. Beispiele wie Theodora und Marotzia, Maintenon und Pompadour sowie Philipp von Hessen beweisen das Gegenteil. In solchen Fällen müssen diese Fragen auch eine dementsprechende Würdigung erfahren. Bei Friedrich haben beide Fragen nicht einen derartigen, ja wohl gar keinen Einfluss auf den festen und graden Gang seiner Politik gehabt Und weil nur in dieser die Bedeutung Friedrichs liegt, darf eine Beurteilung seiner Persönlichkeit auch nur von hier ausgehen; mithin sind alle anderen Fragen von sekundärer Bedeutung. Schon H. Bréh.[4]) hat dies richtig gefühlt, wenn er sagt: Frédéric II.

---

[1]) H. B. Introd. CDLXXXV flg.

[2]) cf. Schlosser a. a. O. Buch VII p. 277. 198. Reuter a. a. O. p. Buch VIII, XIV p. 296 f. Höfler a. a. O. p. 20 cf. Einleitung 282 flg. Felten: Gregor IX, 323, 377 f. u. a.

[3]) cf. O. Lorenz a. a. O. p. 3 flg.

[4]) Introd. CCIII.

peut être un méchant homme, il fut un grand souverain. Ses contemporains et les plus hostils sont d'accord sur ce point — aber er hat dennoch nicht vermocht, den Kernpunkt auch an die Spitze zu stellen und danach den Kaiser zu beurteilen. Der méchant homme verdrängt auch bei ihm wieder den grand souverain und so verirrt sich dieser um die Geschichte Friedrichs so verdienstvolle Mann in die gewagtesten Hypothesen über Friedrichs Absichten, die geistliche und weltliche Gewalt in seiner Person zu vereinigen [1])

Noch mehr wie bei H. Bréh. finden wir einen einseitigen Standpunkt von tendenziöser Richtung in den älteren Darstellungen von Schlosser[2]), Höfler, ebenso bei Reuter und selbst bei Böhmer in seinem grossartigen Regestenwerke[3]). Schirrmacher und nach ihm Winkelmann waren es, welche zuerst den Mangel dieser „quellenkundlichen" Arbeiten aufdeckten und ein objektiv getreues Bild von Friedrich II. gaben.

Von da ab machte die Beurteilung Friedrichs eine bedeutende Schwankung. Nun wurden nicht mehr seine persönlichen Anschauungen über Religion und Glauben in den Mittelpunkt seiner Beurteilung gestellt, sondern vielmehr seine politische Aufgabe, von der aus er handelte und handeln musste. Und damit ist der Nerv der Beurteilung getroffen. Fragen, ob Friedrich sich in seinen persönlichen religiösen Anschauungen vom Glauben der Kirche entfernt hat oder nicht stehen für das historische Verständnis des grossen Staufers hinter der wichtigen nach seiner politischen Bedeutung und Erfüllung seiner politischen Aufgaben zurück, so interessant ihre Untersuchungen auch sein mögen.

Um die erstere also handelt es sich. Und nun fragen wir: Welches war denn die politische Aufgabe, die Politik Friedrichs? Kurz gesagt: Es war die Weltmachtpolitik, die in den Staufern ihre besonderen Träger findet. Aber dieser Weltmachtpolitik, stand von jeher die Kurie feindlich gegenüber, und der Kampf, der sich mehr oder weniger offen die ganze Zeit von Gregor VII. und Heinrich IV. an durch das Mittelalter hindurch zieht, zeigt sich in dem Leben Friedrichs wie in einem Spiegel in seiner ganzen Grösse und Erbitterung.

Friedrich ging in dieser Idee auf und wenn einer, so war er der Mann dazu, sie zu erfüllen. Seine Geburt, seine Anlagen, seine Erziehung am päpstlichen Hofe, seine Erhebung durch den Papst und die deutschen Fürsten, die Auffassung seines kaiserlichen Berufes als von Gott verliehen berechtigten ihn zu den besten Hoffnungen. Italien, Sizilien, Deutschland, Sardinien, Jerusalem gehorchte seinem Scepter, mit Konstantinopel ist er verschwägert, Egypten sein Verbündeter, — bis nach Indien erstrecken sich seine Handelsinteressen — schien da nicht die Hoffnung auf endliche Erfüllung der alten Kaiseridee in die nächste Nähe gerückt?

Gewiss! Aber Friedrich traute seinem Stern nicht blindlings; vorsichtig rechnete er damit; dass auf dem päpstlichen Stuhle Männer sassen, die solcher Idee von grund aus Feind

[1]) Introd. CDLXXXV flg.
[2]) s. o.
[3]) Böhm. Reg. Einleitung. Kritisiert in der Neubearbeitung von J. Ficker.

waren. Eine weltliche Absolutie konnte die Kurie nicht neben ihrer geistlichen dulden; die Einheit der Schwerter konnte nach ihrer Meinung nur gewahrt bleiben, wenn das weltliche in ihrem Dienste stand. Mit dem Weltimperium andrerseits war eine Bevormundung von Rom aus unvereinbar und ein Nebeneinander wollte der Papst nicht dulden.

Die Unterwürfigkeit Friedrichs zu prüfen benutzte die Kurie den Kreuzzug, zu dem Friedrich sich verpflichtet hatte. Hier musste die erste Entscheidung fallen. War er willfährig, beugte er sich ohne Rücksicht auf seine Reiche willenlos unter Rom, so war der Friede gesichert; tat er es nicht, so war der Bruch unvermeidlich.

In Rom hatte sich besonders seit Innozenz III. eine völlig absolutistische Richtung ausgeprägt[1]), die in Honorius III., Gregor IX. und vor allen in Innozenz IV. hervorragende Träger fand, die den Kampf so zu führen wussten, dass in Wirklichkeit nicht mehr das geistliche Schwert des Papstes gegen das weltliche des Kaisers kämpfte, sondern das weltliche der Kurie gegen das weltliche Friedrichs; mit anderen Worten: Es handelt sich imgrunde nicht um den Kampf des Papstes mit einem Kaiser, den er wegen seines persönlichen Christentums aus der Gemeinschaft der Kirche ausstossen musste, sondern um die völlige Vernichtung der kaiserlichen Macht, die der weltlichen des Paptes mit ihrer weitgehenden Forderung der Bevormundung aller irdischen Gewalten gefährlich zu werden drohte. Bei der völligen Verschiedenheit der Auffassung der beiderseitigen Berufe war ein Konflikt unvermeidlich und soviel auch über die Einheit der Schwerter hin und her disputiert wurde — in Wirklichkeit konnte keiner im Ernste daran glauben, da beide Teile entschlossen waren, bis aufs Messer ihre Interessen durchzukämpfen.

Ob Friedrich der gehorsame Sohn der Kirche war, musste sich also in den Kreuzzugsangelegenheiten zeigen; handelte er hier nach seinem Ermessen, machte er sich hier frei von der Bevormundung des Papstes, so war sein Standpunkt und sein Wille klar; die Kluft aber, welche von vornherein die beiden Mächte trennte, wurde durch ein zweites Moment unüberbrückbar. Dieses besteht darin, dass der Papst zugleich weltlicher Fürst war. Der Kampf, der sich hieraus entspinnen musste, fand seinen Schauplatz dort, wo sich noch einmal die Politik beider Mächte kreuzte, in der Lombardei. Gelang es Friedrich, die rebellischen Städte der Lombardei fest in sein Reich einzugliedern, so entstand für das Papsttum die grösste Gefahr — es war ringsumschlossen von der weltlichen Gewalt und sein Kirchenstaat war aufs äusserste gefährdet.

Es lag also im Interesse der Kurie, diesen engen Anschluss der Lombardei an das Reich zu hintertreiben, d. h. der geistliche Herrscher musste sich in die weltliche Regierung einmischen und seine geistliche Gewalt benutzen, um seine weltliche aufrecht zu erhalten.

[1]) cf. Frantz, § 8.

Aus diesen Gründen musste sich der Kampf Friedrichs mit den Päpsten seiner Zeit in den Kreuzzugsangelegenheiten und in der Lombardei abspielen. Über die ersten Punkte des Zwiespaltes wird offen verhandelt. Er ist der Grund der ersten Exkommunikation und erscheint immer wieder in den Anklageschriften; der 2. Punkt war der Nerv allen Handelns von 1229 an, obwohl es vom Papste ängstlich gemieden wird, ihn zu berühren.[1])

Jedoch muss noch einmal[2]) hervorgehoben werden, dass es imgrunde weder Sicilien noch die Lombardei waren, welche den Kampf zwischen Imperium und Sacerdotium zu einem Kampf um Sein oder Nichtsein machte, sondern es war der Kampf des Absolutismus auf beiden Seiten um seine Suprematie. Der Kaiser machte Anspruch auf Sicilien, als seines mütterlichen Erbteils, der Lombardei musste er sicher sein, um eine feste Verbindung zwischen Italien und Deutschland zu haben, um auf diesem Grunde seine weitgehenden Pläne zu basieren.

Des Papstes Gegenspiel musste dementsprechend den aufrührerischen Sinn der Lombarden benutzen, um diese notwendigen Erfolge unmöglich zu machen. Und ihm waren zur Erreichung seines Zieles alle Mittel recht! Er konspirierte heimlich mit offenbaren Rebellen und Ketzern, er beging ihnen zu Liebe Unwahrheiten, um den Kaiser zum Kreuzzug zu zwingen, er brachte Bündnisse zustande zwischen ihnen und der Kurie, während er zu derselben Zeit mit dem Kaiser über den Frieden verhandelte — ja endlich ging er offen zu den Rebellen über mit der ausgesprochenen Absicht, bis zum letzten Spross den Stamm der Staufer auszurotten.[3])

Wem sie damit zur Hilfe kam, galt ihr gleich — recht hatte, wie immer in Rom, derjenige, welcher sich zuerst dorthin wandte, d. h. derjenige, welcher völlig die Oberhoheit Roms anerkennt oder doch so tut. Dieser Bevormundung von Rom aus trachtete Friedrich sich zu entziehen im Vertrauen auf sein Reich, auf seine Stellung, die ihm durch treue Wahl der Fürsten Deutschlands übertragen war. Und hierin liegt seine Sünde; denn Auflehnung gegen den Papst ist Sünde und ein Verbrechen, das nicht vergeben wird. An diesem Punkt berührt die Kirchlichkeit Friedrichs seine politische Stellungnahme und daher mag es uns als notwendig erscheinen, von hier aus die kirchliche Stellung Friedrichs überhaupt zu beurteilen. Ein Recht für diese Auffassung glauben wir durch die Überlegung zu haben, dass die Kirchlichkeit Friedrichs nur einen Nebenfaktor in seiner Persönlichkeit bildet, der an sich, weil rein innerlich, schwer festzustellen ist. Es ist bezeugt, dass Friedrich den Gottesdienst besucht und das Sakrament des öfteren empfangen hat, dass seine Unkirchlichkeit nie in solcher Weise vorwiegend bei ihm ausgeprägt ist, dass sie den Grundzug seines Wesens und das Hauptmotiv

[1]) H. B. V. 805/806. s. o. cf. H. B. V. 286. Hic est causa nam que pro vero, videlicet de Lombardis, que cor pape pungebat et rurebat intrinsecus, licet ipsam foras educere propter vestrum et audientium scandalum non auderet.

[2]) Gegen Köhler a. a. O. p. 4 flg.

[3]) cf. Unterschriften von San Germano 1227. Vermittelung des Bündnisses zwischen Genua u. Venedig 1248.

seines Handelns ausmacht. Vielmehr: Er ist zunächst Kaiser und seine Stärke ist seine Politik — zugleich ist er Christ und sein geistliches Haupt ist der Papst. — Ein Konflikt wird dadurch unvermeidlich, dass das Oberhaupt der Kirche sein politischer Gegner ist, der sich nicht scheut, alle Mittel geistlicher und weltlicher Macht gegen ihn in Anwendung zu bringen.

Aus diesem Konflikt ergibt sich die Grundlage zur Beurteilung der kirchlichen Stellung Friedrichs. Die Gewalt des päpstlichen Bannfluches an sich brachte es mit sich, dass in kirchlichen Kreisen der Kaiser allein durch diesen Gewaltakt als ein Feind der Kirche angesehen werden musste; denn nur einen solchen trifft der Bann, nur ein Verfolger der Kirche wird aus ihrem Schosse entfernt. Jedoch der Umstand, dass sowohl deutsche wie ausländische Fürsten empört waren über den Schritt des Papstes, als auch besonders, dass Männer von guter Bezeugung selbst in Rom, wie der Deutschordensmeister Hermann von Salza, für den Kaiser eintraten, beweist, dass das Recht nicht unangefochten auf päpstlicher Seite lag.

Schon lange bestand Zwiespalt und heimliche Intrigue auf beiden Seiten; besonders die Kurie erkannte in Friedrich einen Mann, der am rechten Platze stand und die Energie besass, das Ansehen der weltlichen Macht, des Imperiums, zu schützen, selbst da, wo das Oberhaupt der Kirche ihm hindernd in den Weg trat. Dieser Kampf wurde versteckt mit allen Mitteln verschlagener Politik geführt, in der die Kurie von jeher Meisterin gewesen — hier musste er zum Austrag kommen; denn Friedrich war nicht umsonst in Rom erzogen worden. Dort hatte er dieselbe Kunst an der Quelle gelernt. So standen sich denn Meister gegenüber, der Kaiser und der Papst, das geistliche und das weltliche Oberhaupt der Christenheit, die beide bemüht waren, mit aller Kraft und Aufbietung aller Mittel das Ansehen der eigenen Stellung zu wahren, die jeden Schritt des Gegners mit Misstrauen und scharfer Beobachtung verfolgten.

In der Behandlung unseres Themas müssen wir unseren Voraussetzungen entsprechend die Kreuzzugsangelegenheit, die zur ersten Exkommunikation führte und die lombardische Frage, welche die zweite veranlasste, behandeln. In der Absetzung des Kaisers zu Lyon im Jahre 1245 dokumentierte sich nur das Prinzip des Papstes und errang den Sieg. Auf welchem Wege dies geschehen, ob mit Recht oder Unrecht, gehört nicht in den Rahmen unserer Frage. Die gegen den Kaiser vorgelegten Klagepunkte entsprechen denen vom Jahre 1239, ein neuer Vorwurf gegen sein persönliches Leben oder ein Beweis der ihm zuvor gemachten Beschuldigung liegt nicht vor.[1]) Infolgedessen dürfen wir diesen Schlussakt des Kampfes nur ganz kurz berücksichtigen.

Das Interesse der Kurie lag auf der Eroberung des heiligen Landes und mit Recht ist dieses Interesse die „äussere Politik der Kurie“ genannt worden.[2]) Zur Ausführung eines

[1]) cfr. Die series gravaminum bei Köhler.
[2]) von Sybel Geschichte der Kreuzzüge. S. 90.

solchen Zuges bedurfte sie aber der Hilfe des Kaisers und seiner weltlichen Macht. Nun war Friedrichs politische Umsicht zu gross, als dass er nicht aus den vorhergegangenen Kreuzzügen die Erfahrung gezogen hätte, dass ein derartiges äusseres Unternehmen Aussicht auf Erfolg nur dann habe, wenn ein gefestigtes Reich im Rücken steht, wenn eine einheitliche kräftige Hand die Führung hat.

Dies sind die Grundbedingungen für den Kaiser, die Voraussetzungen, unter denen er im Jahre 1215[1]) sich selbst das Kreuz an die Schulter heftet, ein sehr bedenkliches, selbstständiges Handeln des jungen Kaisers, das in Rom nicht geringes Aufsehen erregte und daher sorgsam registriert wurde.[2])

Ausser diesem Punkte trennt noch ein anderer die Politik des Kaisers von der des Papstes, nämlich die Überlegung, dass die Eroberung des heiligen Landes noch auf anderem Wege als mit Waffengewalt betrieben werden könne, auf dem Wege friedlicher Verträge. Der Papst selbst hatte mit den Saracenen auf Sicilien paktiert, auch der Kaiser. Im Falle der Not wusste Friedrich sie ebenso wie christliche Rebellen unter seinen Willen zu zwingen (1225). Auch im Orient hatte der geschäftliche Verkehr die Anschauungen über den nationalen Unterschied gemildert. Die Assisen in Jerusalem geben die Bestimmung: Mögen es nun Syrier oder Griffons, Juden oder Samaritaner, Nestorianer oder Saracenen sein, sie sind ebenso Menschen wie die Franken und müssen zahlen und leisten, was ihnen das Urteil auferlegt, grade so, wie es im Bürgerhofe geschieht.[3]) Sollte Friedrich es unterlassen, diese Möglichkeit des friedlichen Verkehrs zu übergehen, um eine Verbindung des Occidents und Orients anzubahnen? Im Jahre, in dem er das Kreuz nahm, sandte er den Erzbischof von Cephalu[4]) nach dem Orient, um die Zersplitterung im muhamedanischen Reiche nach Saladins Tode nicht unbenutzt zu lassen. Er selber war mit aller Energie dahin tätig, Gesetz, Frieden und Einheit im Reiche wieder aufzurichten, und die in unwürdigen Ideen vergeudete Kraft des Rittertums für die Sache des Orients zu gewinnen.[5]) Hieran lag dem Kaiser alles. Die früheren Kreuzzüge hatten zur Genüge bewiesen, dass ein aus aller Herren Länder zusammengewürfeltes Heer nichts auszurichten vermochte. Die jetzt einlaufenden Nachrichten von dem Zuge des Königs Andreas von Ungarn, der in Zwiespalt mit seinen Genossen, ohne Ruhm mit vielen Schulden unverrichteter Sache zurückkehrte, bestätigten von Neuem die Richtigkeit der Auffassung Friedichs.[6]) Freilich die Kurie geizte fortgesetzt nach der Führerschaft, sie wollte den ganzen Ruhm der heiligen Angelegenheit haben, so sehr sich auch Stimmen dagegen erhoben.

---

[1]) Matheus Paris ad ann. 1228.
[2]) H. B. III 24. nam sponte, non monitus Sede apostolica ignorante crucem suis humeris affixit.
[3]) Assises de la cour des bourgeois chap. 241. cfr. Meister Freidank: Christen, Juden, Heiden sind in Accon ungeschieden.
[4]) Einziger Beweis für die Gesandtschaft Daniele I reg. sepolcr. di Palermo p. 33 not g. Inschrift: Vade in Babyloniam et Damascum et filios Saladini quaere.
[5]) Schirrmacher II p. 44.
[6]) Jacob de Vitr. p. 1129. qui (reges) mystica munera secum non deferentes parum egerunt memoria dignum.

Schon Bernhard von Clairvaux, der ein solches Ansehen besass, dass er dem Papste schreiben konnte: Man sagt, nicht Ihr seid Papst, sondern ich, — hatte für sich die Führerschaft mit den Worten abgelehnt: „Was ist von meinem Berufe so fern, wenn auch meine Kräfte hinreichten, wenn es auch an Kriegskunst nicht fehlte. Was bin ich, dass ich sollte Schlachten ordnen, ich an die Spitze der Krieger mich stellen?“ [1]) Ihm barg das Trachten nach beiden Schwertern eine zu grosse Gefahr in sich. Das weltliche Amt dem weltlichen Fürsten, das geistliche dem geistlichen, das ist sein Grundsatz.[2])

Honorius achtete solche Stimme, die ihm nicht unbekannt sein konnte, nicht, er drängte zum Zuge. Wie er im Kreuzzuge des Königs von Ungarn die Macht des Kaisers entbehren zu können glaubte, so liess er sich auch jetzt das Ausbleiben Friedrichs auf dem Zuge gegen Egypten gefallen. Aus welchem Grunde wohl? Er glaubte fest an den Erfolg und missgönnte dem Kaiser einen Anteil daran, es schmeichelte ihm, zu zeigen, dass die Kurie an sich Kraft genug zu solchem Zuge besässe, der Ruhm sollte ihr allein zufallen.

Am Anfange der ganzen Unternehmung und solange es am Nil erträglich vorwärts gegangen war, hatte die Kurie nicht besonders gedrängt; als die Aussichten sich trübten, wurde auch das Treiben heftiger; als jene nun wieder bessere zu sein schienen, legte man auf die persönliche Teilnahme des Kaisers und auf die Erfüllung seines Gelübdes nicht mehr sonderlich Wert.[3])

Damiette wurde genommen in der Nacht vom 4. auf 5. Novb. 1219. Die Kirche triumphierte. Honorius nannte seinen Gesandten Pelagius, der das Unternehmen leitete, einen zweiten Josua. Jacob v. Vitry berichtet: Auf so wunderbare Weise gab der Herr die Stadt in unsere Hand, indem er den Ruhm keinem andern überliess, sondern der römischen Kirche, deren Legaten und der Christenheit den Triumph verlieh.[4])

Man entbehrte also den Kaiser nicht; man war vielmehr froh, dass er keinen Teil am Ruhme hatte.

Jedoch gleich bei Besitzergreifung der Stadt stellten sich die Folgen des Mangels einer einheitlichen Führerschaft heraus. König Johann von Jerusalem beanspruchte die Stadt allein für sein Königreich, der Legat erklärte sie für das gemeinschaftliche Besitztum der abendländischen Kirche. Der Streit wurde zwar beigelegt, aber viele Pilger verliessen wegen mangelnder

---

[1]) Neander, der heilige Bernhardt und sein Zeitalter 2. Aufl. S. 323, 84, 52.
[2]) Si utrumque habere voles, perdes utrumque. cf. Neander l. c. S. 506. Bernhard — de consideratione II. C. II.
[3]) Winkelmann, Friedrich II. Jahrbuch p. 151.
[4]) cf. Wilken S. 297.

Verwaltung des Geldes das Heer und König Johann verlies auch Egypten, (kehrte jedoch zurück, als er sich in seinen Hoffnungen auf Armenien getäuscht sah).

Nun stand das Kreuzheer einzig unter Führung des päpstlichen Legaten. Als dasselbe durch die Einnahme des Kettenturmes in grosse Not geraten war, wandte sich Honorius zum ersten Male wieder an Friedrich und mahnte ihn an sein Gelübde. Der Kaiser antwortete von Hagenau aus am 12. Januar.[1]) Bestimmt erklärte er, dass er sich nicht unter Führung des päpstlichen Legaten stellen werde.[2]) Für die Sache des heiligen Landes habe er auf der Kurie zu Fulda gewirkt (Dec. 1218), zum 12. März zu demselben Zwecke eine Kurie nach Magdeburg ausgeschrieben. Um ihn mit Nachdruck führen zu können verlangt er Schutz seines Reiches während seiner Abwesenheit und Bestrafung aller derer, die nicht erscheinen.[3]) Er setzt sich selber aber den Termin und will auch frei über seine Truppen schalten und walten können.

Wir sehen hieraus, dass Friedrich an der Hilfe des Papstes gelegen war — jedoch die Oberhoheit über das Heer gesteht er keinem andern zu. Ob der Papst hiermit einverstanden ist, davon wird der Erfolg des Unternehmens abhängen.[4]) Die Zeit der Rüstung nützt er aus, den Einfluss Hermann von Salzas und des Deutschritterordens gegen den heruntergekommenen, verweltlichten Templerorden durch Länderverleihungen zu stärken, um sich eine feste deutsche Stütze für den Orient zu schaffen.[5]) Indessen hatte sich die Lage des Pilgerheeres in Damiette sehr verschlimmert. Zwar war Hilfe vom Kaiser eingetroffen, jedoch nicht stark genug, um ein Unternehmen gegen den drängenden Sultan zu wagen. Jedoch der Legat ging vor, trotz der Abmahnung des Königs Johann. Er liess sich vom Sultan täuschen und verschuldete es, dass seine Kreuzfahrer, wie Vögel in die Schlinge und wie Fische in das Netz gingen.[6])

Friedrich hatte dies vorausgesehen und verschiedentlich gemahnt, Damiette nicht vor seiner[7]) Ankunft zu verlassen; jedoch der Legat wusste, dass alsdann für ihn kein Ruhm mehr zu erwarten blieb.

Der Sultan bot einen günstigen Vertrag[8]) an, nämlich gegen die Räumung der Stadt Damaskus und Egyptens die Zurückgabe aller von Saladin im Reiche Jerusalem gemachten Eroberungen mit Ausnahme einiger Burgen. Pelagius lehnte ihn ab, da er

---

[1]) H. B. 1 585.
[2]) cf. Raumer III p. 172 flg.
[3]) H. B. ibidem.
[4]) H. B. I. 586.
[5]) Urkunden über erste Verleihungen: H. B. I 95, 113. H. B. II, 7. II p. 165. Von 1209—15 finden wir 12 Beurkundung zu ihren Gunsten. cf. Voigt Geschichte des deutseen Ritterordens in seinen zwölf Balleien in Deutschland X, Berlin 1857, S. 396 flg. Wilken: Geschichte der Kreuzzüge. Besonders im Abschnitte: Die politische Templerei im 13. Jahrh. II. Cap. 2.
[6]) Friedrich 1227. H. B. a. a. O. incaute ductus populus incidit in lacum immo laqueum, improvisum. Oliv. 1433. Populus, properabat alacriter, sicut aves ad laqueum et pisces ad megarum.
[7]) Unde propter expectationem tui subsidis quod etiam per litteras tuas promisisti exercitui sepe dicto H. B. II 221. B. R. V, 6489 cf. Friedrichs Rechtfertschr. 6. Dez. 1227, B. R. V 1715. H. B. III. 40.
[8]) Über die Berechtigung dieser Berufung auf Friedrich s. u.

ohne Einwilligung des Papstes, ja des **K a i s e r s** (!), keinen Vertrag mit den Sarazenen schliessen dürfe. Erst als die Rückkehr nach Damiette verschlossen, die Brücken abgebrochen, die Dämme durchstochen, die Schiffe zerstört waren, sah der Prälat ein, dass es besser gewesen wäre, dem Rat Friedrichs und der Fürsten zu gehorchen, in denen er jedoch nur Verrat argwöhnte, während sein vertrautester Freund und Berater Imbert den Verrat übte, indem er mit einer Zahl von Pilgern zu den Sarazenen überging, während er als Unterhändler in ihrem Lager weilte. Oliverius[1]) sagt von ihm: er sei schon seit langem ein Schurke von einem Verräter gewesen. Nicht unberechtigt drängt sich die Frage auf, ob der Gedanke des Angriffs auf Kahirah nicht auch seinem verräterischen Sinn entsprossen ist[2]) Jedenfalls steht fest, dass der Legat der Aufgabe nicht gewachsen war, dass sein Ehrgeiz ihn verleitete, Schritte zu tun gegen den Rat der Fürsten, die das Heer in äusserste Not brachten und deren Folge der Verlust Damiettes war, während die kaiserliche Flotte bereits zum Entsatze herangerückt war. Der trotz dieser verzweifelten Lage[3]) verhältnismässig günstige Vertrag mit dem Sultan El Kâmil, nämlich:

Alle dürfen aus Damiette frei abziehen; alle christlichen Gefangenen in Egypten, Syrien erhalten Freiheit; es besteht ein 8jähriger Waffenstillstand, den nur ein gekrönter christlicher König, der nach dem Orient kommt, aufkündigen darf — hat vielleicht seinen Grund darin, dass El Kâmil Nachricht von der Anwesenheit der kaiserlichen Ersatzflotte hatte. Diese wurde jedoch durch Hermann von Salza und anderen Fürsten zur Umkehr bewogen, da nichts mehr zu retten sei.[4])

Somit waren alle Mühen vergeblich gewesen, alle Geldopfer umsonst, so viele Krieger ohne einen Erfolg geopfert worden. Wer trägt die Schuld? Weder bei den italienischen noch bei den deutschen Chronisten ist Friedrich die Schuld für das Misslingen dieses Unternehmens beigemessen worden, vielmehr den Führern, besonders Palagius[5]) wird alle Verantwortung aufgebürdet. Freilich der Papst und seine Anhänger wussten, als es sich darum handelte, Friedrichs Persönlichkeit anzutasten, dem Tatbestande eine andere Seite abzugewinnen.

Ein Verbot Friedrichs, den ersten Vertrag zu schliessen, ist nirgends zu finden; von Honorius wissen wir, dass er die Zeit für Verträge nicht für günstig hielt und die Unternehmung der schützenden Hand[1]) Gottes anvertrauen wolle und ferner, dass er in Erwartung der kaiserlichen Hilfe[2]) den Vertrag um die Rückgabe Jerusalems abgelehnt hat.

---

[1]) Oliverius 1436: Multo tempore proditor nequissimus.
[2]) Schirrmacher: Friedrich II, II 71.
[3]) Albeney: mortui et capti fuissent, si soldanus voluisset.
[4]) Oliver. p. 1438. Ann. Jan. p. 149 Friedrich 1227 Dec. H. B. III 41 B. R. 1715. deorsum per flumen cum galeis nostris ad exercitum properabat, ubi occurentibus ei nuntiis legati — et ex parte legati precipientibus, ut redirent —, rediit ec. — Ende August kamen nach dem arab. Liber pont. Alex bn Amari, Bibl. Arabo — Sic. Versione p. 182 die 45 Galeren an.
[5]) Stultitia cujusdam legati Romani Damiatam Sarraccenis reddiderunt. Richard Lenon. ap. B. F. III. 49. cf. Schirrm. II 364,65.

Als die Sache verloren war, da freilich wurde ganz etwas anderes daraus gemacht; erst jetzt wird das Misslingen dem kaiserlichen Befehl zugeschoben — unter Berufung auf ein: ut asseritur [3])

Es liegt auf päpstlicher Seite eine völlige Verschiebung der Tatsachen vor und Friedrich[4]) hat Recht, diese Anklage als neue Erfindungen zu bezeichnen, da es in seinem Interesse gelegen hätte, die Frucht seiner Arbeit und Mühe n i c h t zu zerstören.[5]) Ihm konnte nur an einem friedlichen Abschluss gelegen sein, da dadurch seine Überfahrt unnötig wurde und er sich den rebellischen Lombarden zuwenden konnte, um den Frieden im Reihe herzustellen. Nicht an Friedrich lag es, dass der Vertrag nicht abgeschlossen wurde; sondern an der Kurzsichtigkeit des Pelagius, denn auch König Johann wartete auf Verstärkung vom Kaiser — die ja auch kam — und stimmte dennoch für Annahme des Vertrages, was Pelagius jedoch für Verrat hielt.

Die Anklage des Papstes gegen Friedrich beweist, wie sehr sein gekränkter Ehrgeiz sein politisches Auge trübte; denn sonst hätte er sehen müssen, dass dem Kaiser nichts mehr dem Drängen der Kurie und damit einem Zwiespalt mit seiner eigenen Angelegenheit aussetzte als der Verlust von Damiette.

Der Einwand[6]) Röhrichts, dass der richtige Grund für das Unglück von Damiette von Friedrich selbst, am klarsten in seinem Schreiben an den König von England H. B. V. 291 angegeben sei, erledigt sich dadurch, dass sich dieser Brief nicht auf Damiette, sondern auf die Niederlage der Kreuzfahrer von 1239 bezieht [7])

Die Beurteilung, welche Friedrich von Schlosser, und Höfler[8]) wegen dieses unglücklichen Unternehmens gefunden hat, und die auf eine[9]) Täuschung des Papstes hinauslaufen, der alle Geldaufwendungen zum Opfer fielen, die nur von treulosen und falschen Schritten Friedrichs sprechen, können vor der Menge der Quellen, die meistens geistlichen Federn entstammen und nichts hiervon enthalten, nicht standhalten, sondern sind lediglich als Ausflüsse eines einseitigen Bekenntnisstandpunktes zu betrachten, der sich für eine quellenmässige, kritische Behandlung des Gegenstandes nicht als bindend erweist.

---

1) Oliv. p. 1434 utilius consilium nobis videtur, adhuc manum misericordiae dei exspectare, quam huius mod pactionibus inclinari.
2) 1221. Nov. 19 M. G. Epist. I 129 H. B. II. 220 B.-R. V_3 6489.
3) H. B. III 24. B. R. V_3 6711 Anklageschrift 1227. Oktober 10. M. G. Epist. I. 284.
4) s. auch Winkelmann Jahrbuch 1. 155 Anmkg. Schirrmacher II. 75, 76.
5) Verteidigungsschrift vom 6. 12. 1227. a. a. O. quia non est veri simile..
6) Röhricht: Beiträge. a. a. O. I^{59}. Anm. 57.
7) cfr. Winkelmann Jahrbuch Friedrichs II 157. Anmkg. 1.
8) Höfler: Friedrich II. 20.
9) cf. Schlosser VII, 273; Fr. verwickelte sein Leben in ein Lügensystem. VII 277. A. 198.

Schlossers und Höflers Anklagen gegen Friedrich sind von Schirrmacher[1]) mit den scharfen Worten zurückgewiesen: „Es ist nicht wahr, dass Friedrich seine 40 Galeeren zu spät hat auslaufen lassen, ebensowenig wahr, dass jedermann darüber klage, er habe den Papst getäuscht." Der Beweis hierfür ist der Brief des Papstes vom 20. Juni nach Damiette, den auch Hoogeweg[2]) übersehen hat. Winkelmann[3]) erkennt denselben in den Jahrbüchern mit Widerruf seiner Auffassung in seinem Friedrich II. auf Grund des von Schirrmacher gegen Hoogeweg angeführten päpstlichen Briefes vom 20. Juni an. Regestenartig dargestellt, würde der Verlauf folgender gewesen sein:

Juni 13.	Päpstliche Aufforderung an den Kaiser zur Ausfahrt. B. R. V_3 6464.
Juni 20.	Brief des Papstes nach Damiette mit der Nachricht vom Zurückbleiben des Kaisers. M. Germ. Epist. Pont. I. 12. B. Reg. II_3 6469.
Juli 17.	Aufbruch aus Damiette nach Süden, cf. Röhr. II. 254.
August 13.	Anerkennungsschreiben des Papstes an Friedrich über Befolgung des Wunsches ohne Klage über sein Zurückbleiben.
Aug. Ende.	Ankunft der Flotte.
August 30.	Kapitulation von Dam. (Lib. pont. Alex.)
Sept. 8.	Übergabe von Damiette.

Hieraus ist ersichtlich:

I. Dass die Flotte zur rechten Zeit auslief; (Zwischen 13.—20. Juni).

II. Dass das Fehlen des Kaisers kein Misfallen erregte.

III. Das das Unternehmen begonnen wurde, trotz der Gewissheit, dass der Kaiser nicht erscheinen werde;

IV. Dass die Anwesenheit des Kaisers, falls er sich auf der Flotte befunden hätte, nichts mehr genützt hätte.

Ein Vorwurf ist Friedrich demnach nicht zu machen. Sein schliessliches Nichtkommen trug zu dem jämmerlichen Ausgange auch nicht das Geringste bei[4]).

Ein Verschulden Friedrichs liegt auch nicht in dem häufigen Aufschub des Kreuzzuges. Den guten Willen hat der Kaiser stets gezeigt und die Bewilligung des Aufschubes bezeugt zur Genüge, dass der Papst die Gründe Friedrichs vollständig billigte[5]). Es zeigte sich zu klar an dem kläglichen Ende dieses egyptischen Vorschubs, dass ein Kreuzzug ohne eine feste Leitung zu keinem erspriesslichen Ende führen konnte; ferner, dass ein Verlassen des Reiches bei ungeordneten Zuständen die grösste Gefahr in sich barg.

---

1) II. 72.
2) Hoogeweg: Mittlg. des össterr. Inst. II 143 flg.
3) cf. Winkelmann Jahrbuch 158. Anmerkung; 152 A. 4 und A_2. Friedrich II. B. I. 171.
4) Winkelmann, Jahrbuch I. 158.
5) Gegen Schlosser VII. 200.

Fällt dem Kaiser nicht dennoch eine gewisse Schuld bei? Hätte er nicht frei und offen dem Papste die Undurchführbarkeit klarlegen müssen, solange keine Ruhe im Reiche herrschte, solange die Lombardei nicht dem Reiche fest angeschlossen war, selbst auf die Gefahr hin, dass es dadurch zum Bruch käme? Nun wurde auf beiden Seiten alles hingehalten durch den Glauben, dass „was heute nicht möglich sei, morgen geschehen könne,“[1]) und dadurch ergab sich eine gewisse Verstecktheit.

Dagegen ist zu bemerken: Friedrich war Politiker wie Honorius; er hatte bei der Kurie gelernt. Keine Politik geht den graden, offenen Weg, besonders da nicht, wo man weiss, dass alles darauf angelegt ist, die eigene Politik zu kreuzen, ja zu hintertreiben. Dem Kaiser war Italien eben so wert wie Deutschland, auf die Erhaltung beider Reiche war sein scharfes Auge gerichtet; dem Papste dagegen lag alles nur am Kreuzzuge. Hätte Friedrich der Kurie seine Absicht der Vereinigung von Deutschland, Lombardei mit dem Königreich klargelegt, es wäre eben sogleich zum Bruch gekommen. Die Kurie hätte sich sicherlich nicht gescheut, die äussersten Mittel zur Unschädlichmachung Friedrichs schon jetzt zur Anwendung zu bringen, wie sie es einige Jahre später tat.

Im übrigen stimmen wir dem Urteil Winkelmanns bei, das lautet[2]): „Die Hauptschuld ist dem Legaten Pelagius zuzuweisen, wie es ja schon gleich nach dem Falle Damiette geschehen ist[3]). Ein Teil fällt auch auf das geistliche Oberhaupt, weil es trotz seiner Kenntnis von den gefährlichen Plänen des Legaten, überdies in dem Augenblicke, da eine ausgiebige Unterstützung derselben durch Friedrichs persönliches Eingreifen nicht mehr zu erwarten war, ihn blind hatte gewähren lassen.“ Wie wenig der Kaiser mit dem Misserfolge einverstanden war, geht daraus hervor, dass er seine Vertreter bestrafte. Nach Rich. von San Germano[4]) wagte der Kanzler Walther nicht, dem Kaiser vor die Augen zu treten[5]) und floh nach Venedig, wo er in bitterer Armut gestorben sein soll; auch der Graf Heinrich von Malta und Anselm[6]) von Iustingen erfuhren die Ungnade des Kaisers.

Der Legat hingegen ging frei aus, „denn gegen Gottes Macht gibt es keinen Widerstand“, ja in Anerkennung seines bewährten Eifers und seiner „bewährten Klugheit“ wird er 1222 noch nach Veroli zur neuen Beratung gerufen.

---

1) Winkelmann. Jahrbuch I. 158.
2) Winkelmann. Jahrb. I. 157. cf. Ann. 5.
3) Albricus p. 911. Hoc totum adscribitur illi card. Pelagio, qui contra voluntatem et sine consilio regis Johannis exercitum de Damieta exire compulit.
4) Rich. Sang. ad ann. 21. ed. Pertz XIX, 321 f.
5) Propter quod ipse cancellarius iram imperatoris metuens se Venetias contulit, et dictus comes Henricus de Malta redit in regnum, qui ab imperatore captus est et terram, quam tenebat amisit. Über sein Ende: Vita Gregor IX. Murat. Ss. III. 583.
6) Ueber Anselm von Iustingen cf. Schirrmacher II 366.

Die Bestürzung war auf beiden Seiten gleich gross. Der Papst aber zog Vorteil aus der Lage; er klagte, dass ihm die ganze Schuld zugeschoben würde,[1]) weil er den Kaiser nicht durch Drohungen mit Exkommunikation zur Überfahrt gezwungen habe! Si^c^herlich der Ausdruck einer Stimmung, die nicht im Volke, sondern nur an der Kurie herrschte. Er unterlässt nicht, nun das Versäumte nachzuholen: Unter Androhung des Bannes wird Friedrich an sein Gelübde gemahnt.[2]) Nachdem Honorius sich jedoch der ernsten Bereitwilligkeit Friedrichs durch den Kardinalbischof Nicolaus von Tusculum versichert hat, beginnt er von neuem die Unterhandlung über Vorbereitungen zu einem weiteren Kreuzzuge.

Dies eine hatte die klägliche Niederlage auch den Papst gelehrt: Ohne kaiserliches Oberhaupt ging es nicht. Jetzt war ausserdem der Kaiser der einzige, der nicht an den Vertrag von Damietta inbetreff des Friedens mit dem Orient gebunden war.

In dem Punkte der einheitlichen Kriegsführung unter kaiserlichem Kommando hatte Friedrich also Recht behalten. Jedoch noch eins fehlte, um einen Erfolg wahrscheinlich zu machen: die Sicherung des Reiches.

Friedrich hatte die Zeit benutzt, eine Reihe guter Gesetze für sein Land z u erlassen und hoffte auf diesem Wege eine feste Stütze zu gewinnen. Die Tage von Veroli und Ferentino beweisen, dass auch der Papst die Notwendigkeit solcher Massnahmen anerkannte — er gewährte jedesmal den gewünschten Aufschub und Absolution[3]). Freilich erscheint dieses Zögern bei oberflächlicher Betrachtung als ein Ausweichen Friedrichs. Jedoch der Papst hatte sehr wohl gemerkt, wie wenig Stimmung für einen neuen Zug war; seine wie Friedrichs Bemühungen waren fast ohne jeden Erfolg geblieben. Es fehlte nicht an Stimmen, denen die vergebliche Anstrengung zum Spott diente.[4]) An des Kaiser Willen jedoch zweifelte keinerbesonders nach der Verlobung desselben mit Isabella, der Erbin des Königreichs Jerusalem.

Die Verhandlungen mit dem Papste wurden mit Ruhe geführt: Man einigte sich auf drei Punkte: Zwei Jahre Frist, eine einheitliche Führung, die Erwerbungen fallen dem König von Jerusalem zu. Im Juni 1225 sollte der Zug von statten gehen. Die Zwischenzeit wurde von allen Seiten zu eifrigem Schüren benutzt. Da Frankreich jedoch durch die letzte Abmachung nichts von Erwerb zu erhoffen hatte, auch in England und selbst in Deutschland trotz grossen Aufwandes und genügender Anstrengung der Kreuzzugsprediger keine rechte

---

[1]) Raynald Ann. ad ann. 1221 M. G. Ss. XVII, 836. Brief vom 19. Nov. an Friedrich H. B. II. 220. M. G. ep. pont. 1. 128.

[2]) M. G. Ep. pont. I, 729. B. R. V_8 6491. cf. Encyclica vom Dez. 19.

[3]) incidenter absolutionem petiit et accepit. H. B. III. 24. Obwohl der Vertrag lautete: Deinde se et alios cruce signatos excommunicari obtinuit, nisi certo proficisceretur tempore.

[4]) cf. Meier Helmbrecht v. Werner dem Gartenere: und ob uz dir worden waere ein rechter predigaere du brachtest liute wol ein heer mit dîner predige über mer. 563-64.

Stimmung erzielt hatte, einigten sich Papst und Kaiser noch einmal auf dem Tage von San Germano zu folgendem Abkommen:

I. Der Kaiser soll im August des Jahres 1227 persönlich (omni excusatione et dilatione cessantibus) ins heilige Land ziehen und dort während zweier Jahre

II. tausend Ritter halten; für jeden etwa fehlenden erlegt er jährlich 50 Mark, über welches Geld der Kaiser, wenn er da ist, auf den Beirat des Königs und des Patriarchen von Jerusalem sowie des Deutschmeisters und anderer bewährter Männer zu verfügen hat.

III. Er soll den Rittern bis zur Zahl von 2000 sowie deren Begleitern und jedem Reitpferde freie Überfahrt gewähren.

IV. Er soll 50 Kriegsschiffe und hundert Frachtschiffe mit sich führen und sie zwei Jahre hindurch in gutem Stand halten. Falls weniger nötig: Geldentschädigung.

V. Er hat in drei Terminen 100 000 Unzen Gold* oder den Wert in Silber zur Verwendung für den Dienst Christi zu zahlen. Für den Fall, dass der Tod oder eine andere Ursache den Kaiser an der Fahrt hindert, soll die Summe von dem König, dem Patriarchen und dem Deutschmeister verwandt werden.

Wird der Kaiser durch den Tod gehindert, so soll Sizilien für alles aufkommen.

VI. Es schwört der Kaiser und lässt Rainald, den Sohn des Herzogs von Spoleto in seine Seele schwören, alles Vorstehende bei Strafe der schon jetzt ausgesprochenen

---

[1]) P. L. II. 255. H. B. II. 501. f.
[2]) cf. Encycl. v. 10. Oktob. in maris amplitudine.
[3]) ibidem.

---

*Anmerkung: Eine Goldunze hat nach H. B. Recherches sur les monuments etc. App. II. einen Wert von 111 Francs. Danach 100000 Goldunzen = 11100000 Fr. Amari, la guerre II. 400 berechnet sie nur auf 61,50 Fr. = 6 150 000 Fr. Cherrier, Histoire de la lutte II[32] nach Wägung eines augustalis = 1/4 Unze auf 63,2 Fr. = 6 312 000 Fr. Röhricht, Beitr. II, [62] kommt auf die Summe von 61 500 000 Fr. wahrscheinlich infolge eines Rechenfehlers! Mit dieser ungefähren Annahme stimmt auch derM aximalpreis einer Studentenwohnung in Neapel 1226 = 2 Unzen = 222 Fr., (de Guidice, Cod. dipl. di Carlos T I 260, cf. Winkelm. Jahrb. 233. Anm.,) ebenso die Nachricht, (Rycc XIX p. 349) dass Monte Casino zur Erhaltung der 100 Knechte, die es zum Kreuzzug zu stellen und während eines Jahres zu verpflegen hatte, 1200 Goldunzen aufbringen musste, sodass der Monatssold eines seroiens 1 Unze Gold betrug (cf. Winkelmann 341). Die genauen Münzverhältnisse sind schwer festzustellen; jedenfalls betrug die **Summe über 6 Mill. Francs.** Gewiss ein beredtes Zeichen für Friedrichs Willigkeit und Anstrengung zur Vollführung des Unternehmens.

Exkommunikation, getreulich halten zu wollen.[1]) Fehlt er in andern Punkten, so hat auch dann die Kirche nach seiner eigenen Einwilligung das Reht, den Bann auszusprechen[2]). Wenn wir aber — schliesst der Pakt — wegen eines nicht eingehaltenen Termines dem Bann verfallen, durch die Zeugnisse derer, die zum Empfang der Gelder bestimmt sind, erwiesen haben, dass die rückständige Summe nachgezahlt worden, so soll der Bann sofort aufgehoben werden[3]).

Nachdem dieser Vertrag ordnungsgemäss versiegelt war, wurde Friedrich von seinem früheren Eide gelöst.

Zu ei: ›m .solchen Vergleiche hatte selbst die Kurie nichts mehr hinzuzusetzen; Friedrich hatte al'en Zweifel an seinen ernsten Willen dadurch zerstreut und sich freiwillig in die Hand des Papstes gegeben. Ja, seine unbedingte Zuversichtlichkeit scheint uns zu weit gegangen und seine Vertrauensseligkeit hat sich später bitter gerächt. Wurde der Zug durch ein unvorhergesehenes Unglück unmöglich, so war das Geld verloren und er dem Kirchenbann verfallen

Waldemar von Dänemark[1]) war vorsichtiger gewesen; er behielt sich den Todes- oder Krankheitsfall vor und verpflichtete sich zu einer evt. Entschädigungssumme von 25000 Mk.[2]) Der Papst hatte keine Ursache, den Kaiser auf dies Unterlassen aufmerksam zu machen, da es seine freiwillige Entscheidung war: dass auch Hermann von Salza, der die dänische Klausel kannte, seinen kaiserlichen Freund nicht darauf aufmerksam machte, beweist nur, dass Hermann ebenso fest wie Friedrich an die Ausführbarkeit der Verpflichtungen glaubte.

Das ganze Unternehmen hatte durch diesen Vertrag ein anderes Aussehen bekommen. Der Kaiser stand an der Spitze des Unternehmens, er sollte leisten, was das ganze Abendland bisher nicht zustande gebracht hatte; auf Sizilien war dauernd die ganze Last geworfen, die bisher die Kirche trug. Das eroberte Land fiel nicht der Kirche, sondern dem Könige von Jerusalem zu. Anstelle eines Religionskrieges war somit ein Eroberungskrieg getreten, der nur von dem Segen der Kirche begleitet war[3]). Der Lohn, der die grossen Opfer Friedrichs verständlich macht, war nichts Geringeres als die Erwerbung einer neuen Krone, die Eroberung des Königreichs Jerusalem für den deutschen Kaiser.

---

1) Mecklb. Urkundenbuch I. 290. Se vero morte preventus fuerit vel alia causa legitima prepeditus, dabit 25000 marcas argenti in subsidium terrae sanctae.

2) Röhr. a. a. O. Beitr. I. 62.

3) cf. Winkelmann Jahrb. 240. cf. Schirrmacher II. 89. Bemerkungen gegen Böhmer Reg. Imp. XXVII. wonach der Kaiser nur militärischer Anführer, alles übrige aber Sache und Sorge der Kirche war,

Friedrich legte sich gleich nach der Vermählung mit Isabella (9. Nov.) den Titel „König von Jerusalem" bei, wozu er als Gemahl der Reichserbin ein Recht hatte. Johann war überrascht durch die Forderung, willigte aber ein[1]). Dies wurde der Grund der Feindschaft zwischen Friedrich und seinem Schwiegervater, dem sich persönliche Zerwürfnisse zugesellten[2]), die die Kluft unüberbrückbar machten. Besonders in Frankreich ist das eheliche Verhältniss des Kaisers zu Isabella besonders reich und hässlich berichtet, seine angebliche Untreue und Härte gegen seine Gemahlin hevorgehoben. Ein Grund zu solcher Verdächtigung liegt nicht vor; Richard von San Germano[3]) weiss davon nichts zu berichten. Wie der Kaiser seine Gemahlin ehrte, davon zeugt gewiss die grosse Liebe, die er für Konrad hegte, dessen Geburt ihr im April 1228 den Tod brachte[4]). Jedoch in Rom wurden auch diese Gerüchte sorgsam registriert, um am passenden Orte verwandt werden zu können.

Die ausgiebigen Versprechungen und Abmachungen von San Germano legen den Gedanken nahe, dass von nun an eine Basis des friedlichen Zusammengehens von Kaiser und Papst geschaffen sei. Und bei einiger Rücksichtnahme wäre es nicht schwer gewesen. Jedoch die Kurie wollte sie nicht kennen. Im Gegenteil, Honorius beging alsbald eine Handlung, die das gute Verhältnis sofort wieder zu einem äusserst gespannten machen musste. Im Jahre 1212 war von Friedrich um Zwistigkeiten bei der Besetzung erledigter Bischofsitze vorzubeugen, folgender Vergleich mit der Kurie geschlossen:

Das Kapitel zeigt den Tod eines Bischofs dem Könige an, wählt dann vorschriftsmässig einen tüchtigen Nachfolger, dessen Bestätigung bei demselben nachzusuchen ist. Bevor diese nicht erfolgt ist, darf der Erwählte nicht eingeführt werden[5]), vor der Bestätigung durch den Papst sich nicht mit der Verwaltung befassen.

Diese Bestimmung erwies sich als ein zweischneidiges Schwert. Empfahl der Kaiser einen Mann zur Wahl, so konnte der Papst die Bestätigung versagen und die Wahl war ungültig; ebenso umgekehrt.

1222 war es so mit dem kaiserlichen Notar Johann de Trajecto gewesen[6]); er war gewählt, wurde aber nicht vom Papste trotz verschiedener Bittgesandtschaften bestätigt. Seit der Zeit standen frei: Capua, Salerno, Cassano und Averta. Gegenseitig wurde den Kandidaten die Anerkennung versagt[7]).

Am 25. September 1225 endlich schrieb Honorius: Da bei andauernder Vakanz

---

[1]) Jordanus bei Rayn. Ann. 1226 § 11. Desponsata puella imperator patrem requisivit, ut regna et regalia in re resignet. Stupefactus ille obedit.
[2]) cf. Schirrmacher II. 96.
[3]) cf. Winkelmann 245. Anm. 6.
[4]) cf. Schirrmacher II. 97.
[5]) cf. Schirrmacher II. 98.
[6]) H. B. I. 203 flg. II. 259. zur Kritik der Raumerschen Auffassung (3. Ausg.) III. 169. Winkelm. Jahrb. I. 247. Anm. 4.
[7]) Lag Absicht darin? Gewiss! Jedoch nicht der Kaiser (wie Raumer) sondern (wie Winkelm. es auffasst), der Papst allein konnte Vorteil daraus haben. H. B. II. 528

der betreffenden Stellen nicht allein die irdischen Güter, sondern auch die Seelen Schaden nehmen müssten, und er selbst wie der Kaiser deshalb öffentlich angeklagt würden, so habe er, um ihrem beiderseitigen Ruf und Seelenheil zu dienen, jene Kirchen mit Männern besetzt, denen er füglich seine Anerkennung nicht vorenthalten würde, da sie sich durch Kenntnisse, Ansehen und Lebenswandel auszeichneten, Eingeborene und seiner Hoheit treu ergebene Diener wären. Friedrich jedoch war anderer Meinung. Er empfand diesen Schritt trotz der überlangen Vakanz mit Recht als einen eigenmächtigen Eingriff des Papstes in seine kaiserlichen Befugnisse und versagte daher vorläufig allen mit Ausnahme von zweien seine Anerkennung[1]). Nur durch äusserste Notlage, durch die Misserfolge bei den Lombarden konnte der Kaiser später gezwungen werden, von seinem festen Standpunkt abzugehen[2]). Hierzu kamen andere Streitigkeiten. Friedrich berief alle Vasallen des Königreiches und den Herzog von Spoleto zum 6. März nach Pescora, um mit ihnen über einen Zug gegen die Lombarden zu beraten. Der Herzog weigerte sich, da er keine päpstliche Aufforderung habe, unter der allein er verpflichtet sei, dem Kaiser zu folgen und sandte das kaiserliche Schreiben an Honorius, der sofort drohend antwortete[3]). Des Papstes Milde, die er selbst da nicht verleugnet hatte, als Friedrich seinen Kreuzzugsgelüsten folge zu leisten zögerte, schlug jetzt in den heftigsten Groll um, als die weltliche Hand nach der Ausübung weltlicher Macht griff, die sich die Kirche in den Zeiten schwacher Kaiserhoheit hatte aneignen können[4]). Das Werk Innozens III. war in den Grundfesten angegriffen. Hier musste Stillstand geboten werden.

Eine Angelegenheit zu offener Feindschaft liess sich bald finden. Streitigkeiten um Mittelitalien atte es schon immer gegeben.

1222 klagt Honorius darüber, dass der kaiserliche Legat Gunzelin in Toscana die päpstlichen Beamten entsetzt, die Eide aufgehoben und sie für den Kaiser neu verlangt habe. Friedrich ist empört, als er dies vernimmt — er versichert, dass sein Truchsess eigenmächtig gehandelt hat, während er die mildesten Vorschriften empfangen habe. Trotzdem der Bischof von Patti und Hermann von Salza als Boten in Rom dies bezeugen müssen, lässt der Papst sich nicht überzeugen. Noch einmal wird der Deutschmeister entsandt, Gunzelin begleitet ihn und muss eidlich versichern, dass er gegen den Willen des Kaisers gehandelt habe. Das Schreiben vom 1. Jan. 23 kennzeichnet die Stimmung des Kaisers über das Misstrauen, das

---

1) Bischof von Patti für den Erzstuhl zu Capua. Nicolaus v. Collepetri, zum Abt v. St. Laurentius zu Aversa.

2) Winkelmann 248: Das ganze Verfahren war zum mindesten eine Rücksichtslosigkeit, und man kann verstehen, dass Friedrich, der in demselben mit vollem Rechte mehr, nämlich eine absichtliche Verkürzung seiner Befugnisse erblickte, die Einführung der Ernannten verhinderte. Rich. Sang ad anm. 1226. tamquam in suum praejudicium promotos in ipsis ecclesiis non permisit.

3) Rich. XIX. Sang ad ann. imperator ad eos litteras graviores (misit) quas illi de ducatu ad papam remittunt,

4) cf. Frantz a. a. O. § 3 und 8,

ihm von Rom entgegengebracht wurde und zugleich seine Absicht[1]). Es heisst darin: „Wie wir den ernsten Vorsatz haben, niemals etwas gegen die römische Kurie zu unternehmen, selbst wenn wir von derselben gereizt werden sollten, so bitten wir eure väterliche Hoheit, uns stets als euren ergebensten Sohn zu betrachten. Denn wir wünschen über alles, nicht allein denjenigen nachzuahmen, welche vor uns sich dem römischen Stuhl untertänig zeigten, sondern diese vielmehr in Ergebenheit gegen denselben zu übertreffen.“ Gunzelin musste seine Stellung als kaiserlicher Legat aufgeben.

Das Verhalten des Kaisers in dieser Angelegenheit zeigt aufs klarste, dass ihm am Frieden mit dem Papste gelegen war. Einer doppelten Gesandtschaft und einem Eide hätte der Papst wohl Glauben schenken können.

Schwerwiegend für die ganze weitere Entwicklung des Streites zwischen Papst und Kurie ist die Stellung beider Parteien zu den Lombarden. Hier war der Punkt gegeben, in dem die gegenseitigen politischen Interessen auf einander stossen mussten und indertat zusammenstiessen. An dem Verhalten des Papstes zu den Lombarden im Gegensatz zum Kaiser können wir deutlich sehen, dass die Politik der Kurie nicht eine offene und ehrliche war, wie sie im Gegensatz zu Friedrichs Verstecktheit und Heuchelei gerühmt worden ist[2]). Im Gegenteil werden uns im Verlaufe grade der Behandlung der lombardischen Angelegenheit des öfteren Momente begegnen, die einen starken Zweifel an der Pflichterfüllung und der Ehrlichkeit der Kurie aufkommen lassen, während Friedrichs Handlungen durchaus durchsichtig sind; aber alle, selbst seine Erkrankung und der Tod des Landgrafen von Thüringen sind von Rom aus mit Verdächtigungen schlimmster Art behandelt worden, zum Zwecke des Beweises seiner Gottlosigkeit und dazu, die Feindschaft und Massregeln der Kurie gegen ihn zu motivieren.

Der folgende Federkrieg[3]) zwischen dem Papste und dem Kaiser treibt die Spannung aufs Höchste und lässt an Offenheit nichts zu wünschen übrig. Alles war bei der Kurie genau aufgezeichnet[4]) und wurde nun wie ein Sündenregister vorgelegt. „Habe wohl Acht auf deine Krone“, heisst es da, „der du durch den römischen Stuhl erhöht die römische Kirche, deine Mutter und Herrin in alter Weise zu ehren gehalten bist. Blicke auf den Herrn im Himmel, der den Mächtigen vom Throne stösst und den Armen erhöht. Dass du aber Gott nicht vor Augen hast, wie es der kaiserlichen Majestät ziemt, kann man a deinen Früchten erkennen; denn nicht zufrieden mit den Grenzen, die deinen Vorfahren im Reiche genügten, wagst du es bereits, das Erbe Petri anzutasten und an dich zu reissen.“

---

[1]) H. B. II. 286 f.
[2]) Schlosser VII. 200. Felten 376. u. a.
[3]) H. B. II. 553.
[4]) Fazellus de rebus Sic. H. B. II. 333. Quare non credas id oblivione esse relictum, licet sit hactenus dissimulatione suspensum. H. B. II. 597.

Dieser letzte Punkt ist es, der den Unwillen des Papstes hervorrief. Friedrich zwang seine Untertanen und auch die der Kirche zur Heeresfolge, ohne den päpstlichen Willen zur Unterstützung nachzusuchen. Hierin erkannte Honorius den Drang und die Kraft Friedrichs zur Selbständigkeit und damit die Gefahr, die ihm drohte, wenn es dem Kaiser gelang, die Lombarden fest dem Reiche einzugliedern. Hier war schnelle und energische Abhilfe vonnöten und die fand der Papst, indem er anfangs mit dem Bann drohte, alsdann es mit den Lombarden nicht verdarb, bis endlich sein Nachfolger öffentlich mit den Lombarden gegen den Kaiser kämpfte. „Wir werden es nicht unterlassen, dich mit dem Banne zu züchtigen, wenn du auf deiner Verderbtheit bestehst,“ so schreibt Honorius, nachdem er den Tod Friedrichs Barbarossa verglichen hat mit dem der Kinder Israel, die das heilige Land nicht sehen sollten. Können wir da nicht verstehen, dass Friedrich empört über die Antastung seiner Ahnen ausgebrochen ist in solche oder ähnliche Worte, wie sie überkommen sind: Quousque tandem patientia mea abutetur pontifex? quando ambitione suae modum statuet[1])?

Friedrichs Antwort, die wir aus dem päpstlichen Schreiben: Miranda tuis sensibus vom April/Mai 26 entnehmen, schont den Gegner auch nicht. Von einer Dankbarkeit gegen die Kirche will er nichts wissen — es war Pflicht des Vormundes, das Reich des Mündels gut zu verwalten, statt dessen hat er nach dem Gute getrachtet; den sie erheben sollte, hat die Kirche verworfen und einen anderen erhoben. Das Recht der Prälatenwahl in Sicilien hat sie gekürzt. Rebellen in ihren Schutz genommen (suspectos filios receptasse,) den Bischof von Cephalu contra quem sanguinem occisorum ad nos de terra clamare nicht bestraft u. a. m.

Das päpstliche Antwortschreiben[2]) sucht diese Anklagen unter Betonung der vielen Tränen, die für den verlorenen Sohn geflossen sind, von sich abzuweisen — jedoch muss es im Gegensatze zu dem kaiserlichen Briefe auffallen, dass die Verteidigung sich dauernd in allgemeinen Äusserungen bewegt, in denen kein Gegenbeweis für die Anklagepunkte des Kaisers gegeben ist.

Natürlich fehlen nicht Ermahnungen zur Demut, wie er sie in trüben Tagen bewiesen, und Hinweisungen darauf, dass er Anwalt und Schützer der Kirche sei, dass er den Beschwerden der Untertanen gegenüber nicht Richter und Angeklagter zugleich sein dürfe[3]).

Nach solchem Briefe[4]), den Richard v. Sang. mit Recht litterae asperae nennt, hatte Friedrich keine Lust mehr zu antworten und der Streit ruhte. Friedrich zeigte mithin die grössere Nachgiebigkeit. Fragen wir weswegen, so dürfen wir wohl antworten: Er will

[1]) H. B. II. 933 Fazellus de rebus Sic.
[2]) II. 589 miranda tuis sensibus übersetzt bei Raumer III. 250.
[3]) offerens conquerentibus de te ius in tua curia redditurum.
[4]) H. B. III. 599 Anm.

sich nicht von der Kurie trennen, denen es entsprach, ebenso wie es bei Karl V[1]) war, der Anschauung Friedrichs vom Imperium, auf dem Boden der christlichen Kirche zu stehen und den Papst als Oberhaupt anzuerkennen. Schleuderte Honorius schon jetzt den Bann gegen ihn, mit dem er unausgesetzt drohte, so blieben beide Bestrebungen, die des Kreuzzuges und des festen Zusammenschlusses des Reiches unerfüllt — zwei Pläne, auf welche die ganze Arbeit der vorhergehenden Zeit gerichtet war, auf die das ganze Streben Friedrichs überhaupt ging.

Jedoch sollten sich diese Pläne trotz Friedrichs Nachgiebigkeit und Bereitwilligkeit zum Dienste der Kirche in Kreuzzugsangelegenheiten nicht so leicht erreichen lassen; denn einerseits stellten die Lombarden diesem Streben äusserste Schwierigkeiten entgegen und anderseits die Kurie selbst, die, wie wir zeigten, in einem geschlossenen Reich den grössten Feind für ihren Staat, den Kirchenstaat, sah. Friedrich war der Inhaber des weltlichen Schwertes; eine Einheit, ein Ganzes stellt er dar und sein Schwert wusste er zu führen zur Mehrung seines Reiches, zur Sicherung des Friedens, zu innerer Einheit und gesetzlicher Ausgestaltung[2]).

Dem Papste fehlte dagegen diese Einheit. Er war Träger der geistlichen Macht und wurde als solcher von Friedrich vollkommen anerkannt; aber er war auch zugleich Herr des Kirchenstaates, weltlicher Herrscher, der eifersüchtig die Interessen dieses Reiches wahren zu müssen glaubte. Damit war er in sich selber gespalten – er trachtete, wie Bernhard v. Cl. sagte, nach beiden Schwertern und hierdurch wurde der Konflikt der kaiserlichen und kurialen Macht herbeigeführt. Es war imgrunde nicht das geistliche Schwert, welches gegen das weltliche kämpfte, sondern das weltliche des Papstes gegen das weltliche des Kaisers. Der eine hatte ein angestammtes Recht dazu, es zu führen, der andere nicht. Infolgedessen musste es heimlich geführt werden, und dieses verstand der Papst musterhaft, indem er alle Schritte Friedrichs zu kreuzen wusste, selbst auf die Gefahr hin, Recht und Gerechtigkeit beiseite zu schieben, mit den Rebellen zu konspirieren, dem Kaiser aber den Bann aufzuerlegen, den er seinen Feinden, die ihn verdient hatten, nahm. Und als es soweit gediehen war, den weltlichen Feind mit weltlichen Mitteln zu fällen, da begann man, das geistliche Schwert zu ziehen, zu moralisieren, Vorwürfe, die man keinem Fürsten zu keiner Zeit angerechnet hätte, ja die man Geistlichen gern verzieh, als Kapitalverbrechen anzurechnen, auf Gerüchte hin Verdächtigungen schwerster Art auszustreuen und den als Gottlosen, Eidbrüchigen, Mörder und Verleumder aus dem Schoosse der Kirche zu weisen, den man eigentlich doch nur vom Throne haben wollte, nicht weil er als Mensch der geistlichen Gewalt zu nahe getreten war, sondern weil er als Imperator der weltlichen Macht der Kirche

[1]) cf. Maurenbrecher, Karl V. pag. 9 u. a.
[2]) H. B. IV. 755. Nos autem qui tenemur modis omnibus imperium augmentare.

bedenklich erscheinen musste. Hier liegt der Nerv des Streites, den zu berühren viele Darsteller nicht gewagt haben. Hieraus erklärt sich auch die feste und einheitliche Haltung der Kurie zu den Lombarden.

Friedrich ging nicht gewaltsam vor wie Otto IV., sondern spann als feiner Politiker die Fäden. Nachdem die Zustände diesseits der Alpen geregelt waren, sollte die Lombardei in geordnete Verhältnisse zum Reiche gebracht werden, sodass sie endlich gezwungen waren, ihre Pflichten dem Reiche gegenüber zu erfüllen. Honorius merkte es, dass Friedrich den richtigen Weg einschlug und sofort war seine Stellung streng gegnerisch; es galt mit allen Mitteln den betretenen Weg weiterzugehen, den Innocenz III. eingeschlagen hatte. Gelegenheit zum Einschreiten musste sich in der Lombardischen Verwickelung finden lassen.

Ein Anrecht des deutschen Kaisers auf die Lombardei bestand seit Otto II. und war durch den Konstanzer Frieden vom Jahre 1183 nicht aufgehoben; selbst noch von Gregor im Jahre 1227 anerkannt; Friedrich betrachtete Italien als sein Erbe.[1]) Der Konstanzer Friede bildete die Rechtsgrundlage des Verhältnisses des Kaisers zu der Lombardei. Die Hauptpunkte der Abmachungen sind folgende:

I. Den Städten werden die ihnen von alters her zuständigen Gewohnheiten und Regalien sowie die selbständige Gerichtsbarkeit bestätigt.

II. Der gegenwärtige Städtebund sowie seine Erneuerung zu jedweder Zeit wird genehmigt; ebenso die zwischen den Städten bestehenden Verträge.

III. Die Städte sind verpflichtet, die Investitur ihrer Konsuln, mindestens alle fünf Jahre, entweder bei dem Kaiser selbst, oder bei seinem Nuntius nachzusuchen.

IV. Die kaiserlichen Vasallen werden vom Kaiser belehnt und leisten ihm dabei den Treueid; alle übrigen, vom 15 bis 70 Jahren den Bürgereid, der von zehn zu zehn Jahren erneuert wird.

V. Die oberrichterliche Gewalt bleibt bei grösseren Rechtssachen dem Kaiser.

VI. Die Städte sind verpflichtet, dem Kaiser zur Wahrung seiner Rechte in der Lombardei Beistand zu leisten, ihm auch, so oft er kommt, das Fodrum und das freiwillige Geschenk zu entrichten, auch die Wege und Brücken herzustellen[2]) und für hinreichenden Markt zu sorgen.

Dieser Vertrag war seit dem Niedergang der staufischen Macht in Italien nach dem Tode Heinrich IV. von den Lombarden willkürlich gehandhabt worden. Als Friedrich II. nun eingriff und, um das alte Rechtsverhältnis wiederherzustellen, einen Reichstag nach Cremona ausschrieb, meinten die Lombarden, er wollte ihre Selbständigkeit angreifen und versperrten die Alpenpässe, die sie nur unter Bedingungen freigeben wollten, welche der kaiserlichen Autorität Hohn sprachen. Friedrich sollte seine sizilianische Begleitung entlassen, König Heinrich

[1]) H. B. III. 9. H. B. IV. 881. Matth. Paris ad ann. 1236. Italia hereditas mea, et hoc notum est toti orbi.
[2]) P. L. II. 175. s. 9.

und andere Fürsten nur mit 1200 Pferden erscheinen, die der Kaiser selber zu verpflegen hatte. Beide sollten sich verpflichten, gegen die Lombarden nicht die Acht auszusprechen, so lange sie im Lande weilten.[1])

Dass Friedrich in der Absicht gekommen ist, den Konstanzer Frieden für ungiltig zu erklären, sodass die Lombarden ein Recht hatten,[2]) sich mit allen Mitteln zu wehren, ist nicht anzunehmen. Vielmehr erklärt er ausdrücklich in einem Rundschreiben an Viterbo, dass ihn nur die traurigen Zustände, die ewigen Fehden und die Unterdrückungen seiner Untertanen rufe (volentes igitur iura imperii in statum optimum reformare subditorum que opressionibus condolentes apud Cremonam de consilio principum palatinorum solemnem curiam indiximus celebrandam.[3])

Jedenfalls steht fest, dass Friedrich beim Einrücken in die Lombardei zur Abhaltung des Reichstages vollständig auf dem Boden des Rechts stand, während es bei den Lombarden nicht der Fall war. Weder nahmen sie Friedrich auf, noch sorgten sie für ihn und seine Begleitung; vielmehr versperrten sie die Wege. Nur von einem Teile des Vertrages machten sie ausgiebigsten Gebrauch — sie erneuerten den Bund Mailand, Bologna, Brescia, Mantua, Padua, Vicenza, Treviso, Vercelli, Alessandria, Faenza, Lodi, Bergamo, Turin, der Markgraf v. Montferrat und der Graf Gottfried von Blandrate waren eidlich verpflichtet, mit aller Kraft einer für den andern zu stehen, um die Freiheit zu schützen. Austritt wurde für Rebellion erklärt.[4])

Dieser Bund setzte sich im Bewusstsein seiner Kraft[5]) den kaiserlichen Anordnungen entgegen und es gelang ihm, die Zusammenkunft in Cremona zu verhindern.[6]) Friedrich war nicht mit genügender Heeresmacht erschienen, ein Zuzug konnte nicht kommen — die ganze Absicht war gestört; der Kaiser leitete Verhandlungen ein — jedoch die Lombarden zeigten wenig Lust sich zu versöhnen, sie glaubten sich mächtig genug, es gegen Gesetz und Recht, gegen Papst und Kaiser wagen zu können. Alle Welt, Fürsten und Geistliche, fühlten die Schmach, die dem Kaiser angetan war; als sie selbst sich zur Versammlung begaben, mussten sie sich auf Seitenwegen vor den Rebellen verbergen. In Parma vereinigten sie sich am 10. Juni, um ihrer Entrüstung über die Schmach Ausdruck zu geben. Sie forderten den Kaiser auf,[7]) über die Rebellen den Bann verhängen zu lassen, mit dem der Papst diejenigen bedroht hatte, die die kaiserlichen Rechte und Ehren anzutasten wagten; denn er stand als Kreuzfahrer unter der Protektion des heiligen Petrus.[8])

---

[1]) cf. Gutachten der deutschen Fürsten. H. B. II. 609. H. B. II, 643: Malluit sibi allatas injurias sustinere, quam ad inconvenientia obligari.
[2]) cf. Köhler, S. 10. cf. Winkelmann. Friedr. II. I p. 199.
[3]) Miranda tuis sensibus. Raumer III. 250. H. B. II, 548.
[4]) H. B. II. 924. Corio, Historia di Milano p. 204. Bundesakten H. B. II. 930.
[5]) H. B. II. 930.
[6]) Chronic. Usp.: curia Cremone ne fieret ut multi credunt, a cardinalibus et curia Romana impeditur.
[7]) H. B. II. 609 flg.
[8]) Honorius, 1220. 16. Februar H. B. I. 788. 1224, 7 März. Böhmer Nr. 6567.

Noch zögerte der Kaiser und stellte ein Ultimatum zum 24. Juni. Als auch die Lombarden hier nicht erschienen, verhängte Conrad v. Hildesheim über alle Bündler die Exkommunikation und damit wurden ihnen alle Rechte des Konstanzer Friedens abgesprochen. Von einer „Hast“[1]) Friedrichs mit Vollziehung der Strafe ist nichts zu spüren; vielmehr ging er gegen den Rat — besonders der Geistlichen — ruhig und auf rechtlichem Wege vor. Gelegen mag es ihm gekommen sein, den Lombarden ihre Rechte zu kürzen; jetzt, wo sie sich selber als Ketzer und Hinderer des Kreuzzuges das Urteil gesprochen hatten, konnte er es, ohne ein ungerechter Richter zu sein, zumal er im Auftrage der versammelten Fürsten handelte. Jedoch fand die Angelegenheit eine Entscheidung, die Friedrichs Erwarten nicht entsprach.

Dem Papste wurde sie übertragen. Anfangs lehnte er die schwierige Aufgabe ab. Am 17. Nov. nahm er sie an, als Friedrich versicherte, die Entscheidung anzuerkennen, freilich mit dem Bemerken „Sollten aber die Lombarden, was wir nicht glauben, sich eurer Bestimmung nicht unterwerfen, so bitten wir euch inständigst, dass ihr, Gott und unsere Geduld vor Augen, das tun möget, was eures Amtes ist.“[2]) Und wie entschied er? Einseitig für das Interesse der Kirche. — Den Lombarden — vielleicht hatte er sich schon zu weit mit ihnen eingelassen[3]) — wurde alles verziehen, die Exkommunikation zurückgenommen[4]), nur 400 Reiter sollten sie zur Strafe zum Kreuzzug stellen und die Verordnungen gegen die Ketzer innehalten. Friedrich unterwarf sich auch diesem Spruche, wie er versprochen, obwohl die Lage nun genau dieselbe war, wie vorher. Nun hatte er offenkundige Rebellen im Rücken, die volles Recht hatten, im Vertrauen auf den Papst hinter ihm her zu höhnen. Und er sollte zum Orient aufbrechen! Anderseits hatte Honorius in seiner Entscheidung die Kernfrage des Verhältnisses von Lombarden zum Reich nicht berührt und somit war, selbst wenn der Kreuzzug sich, wie es schien, nach Wunsch der Kurie entwickelte, immer noch der Boden da, auf dem der letzte Kampf ausgefochten werden musste. Am 1. Februar schickte Friedrich dem Papste die Vertragsurkunde zu, ihm lag am Frieden[5]), er wollte den Kreuzzug unternehmen und Honorius nahm sie trotz kleiner Änderungen an. Anders die Lombarden — sie zögerten und machten Winkelzüge und gefährdeten damit das Zustandekommen des Kreuzzuges[6]) Es war ihnen unbequem, das Ketzergebot zu erfüllen, ihre ganzen Städte waren ja voll davon. Sie gaben vor, die Handschrift sei ins Wasser gefallen, sie wollten eine neue haben. Während der Verhandlung starb Honorius am 18. März in voller Aussöhnung mit dem Kaiser, der alles zur Fahrt gerüstet hatte.[7])

---

[1]) cf. Winkelm. Friedrich II. I. 199. Köhler 12.

[2]) H. B. II. 691.

[3]) Gottfried von Köln meint, die Mailänder hätten sich, durch den Papst bestärkt, verschworen. Zu derselben Zeit sendet er einen Brief nach Deutschland, in dem er erklärt, Friedrich unter seinen Schutz genommen zu haben, mit Androhung des Bannes für den, der sich widersetzt. H. B. II. 707. 10. Jan.

[4]) Chronic. reg. Colon. ed Waitz 258. eandem sententiam postea papa H(onorius) revocavit.

[5]) 10. März imper. super hoc pro parte sua litteras, secumdum quod ei scripsimums, destinavit.

[6]) Honorius an die Liga März 10. Terre sancte succursus per hoc posset facile impediri . , ne imperatori differendi eiusdem T. S. succursum occasionem videamini dare.

[7]) cf. dagegen Höfler Friedrich II. 24.

Ihm folgte Hugolin v. Ostia, Gregor IX. Aus seiner Hand hatte der Kaiser einst das Kreuz erhalten[1]), er bezeichnet sich selbst als den Freund Friedrichs[2]).

Sobald Gregor den päpstlichen Stuhl bestiegen hatte, ergriff er scharf die Politik seiner Vorgänger, nach der das Kaisertum nur ein Recht zu existieren hat, solange es sich unter Roms Vormundschaft befindet; sobald es wagt, selbständig hervorzutreten, muss es als Feind der Kurie erdrückt werden. Und dazu ist der Unfehlbarkeit des Stuhles entsprechend jedes Mittel recht.

Seine Gesinnung zeigte Gregor sogleich nach dem Empfang des Palliums[3]). Sofort liess er an den Kaiser „mit der Liebe, mit der er ihm bisher zugetan gewesen[4])" eine Aufforderung ergehen, den Kreuzzug anzutreten. „Dass du uns nicht etwa in Verlegenheit bringst, aus der wir dich nicht leicht, auch wenn wir wollten, befreien könnten." Zugleich fordert er die Lombarden auf[5]), den Vertrag endlich zu übersenden, damit die lange Unterhandlung nicht zu Ohren des Kaisers käme und er Anlass daraus nehme, den Kreuzzug gemäss des Vertrages aufzuschieben.

„Ihr kennt unsere Liebe zu Euch, sie wird noch grösser werden, wenn ihr gehorchet, Himmel und Hölle wird aufgeboten, wenn ihr nicht den Vertrag sendet[6])". Die Lombarden senden denselben, aber so unvollständig unterschrieben, dass er keinen Wert hat. Der Papst schickt ihn empört zurück mit äusserster Drohung; zu gleicher Zeit aber übersendet er Friedrich aus Angst, er möchte ungeduldig werden und den Kreuzzug aufgeben, wozu er nach dem Vertrage berechtigt war — ein Duplikat mit Fälschung sämtlicher Siegel unter der lügenhaften Angabe, er habe keine treuen Boten, dem er das wertvolle Original anvertrauen könne! Auf welcher Seite liegt hier die Offenheit? Offenbar war der Papst im Einverständnis mit seinen natürlichen Verbündeten, den Lombarden, obwohl sie den Herd der Ketzereien in ihren Städten hegten, obwohl sie sich offenkundig gegen die Kreuzfahrt sträubten, die beiden Punkte also verneinten, die Friedrich im Dienste der Kirche vollführen sollte. Und dennoch übte der Papst alle Nachsicht mit ihnen, hob die Exkommunikation auf, versicherte sie seiner ferneren Liebe und beging ihretwegen eine offenbare Unwahrheit zur Täuschung des Kaisers, jedenfalls aus dem einzigen Grunde, weil er sah, dass der Kaiser aufgrund der Abmachungen inbetreff der Unterwerfung unter seinen Schiedsspruch, vom Kreuzzug abstehen und die schärfste Strenge gegen die Rebellen zu verlangen im Rechte war. Das aber konnte der Papst nicht zulassen, weil dann Friedrich in seinem Reiche sein Ziel, eine feste Eingliederung der Lombardei in sein Reich auf dem Wege des vollen Rechtes erreicht hätte. Er war gekommen, dieses unter Wahrung aller lombardischen Interessen herbeizuführen. Gaben die Gegner Veranlassung, dieselben

[1]) H. B. III[46] 6. Dez.
[2]) H. B. III[24].
[3]) cf. Felten p. 51 flg.
[4]) H. B. III[1] flg.
[5]) P. S. II. 259. H. B. III. 4 flg Raumer Hohenst. III. 268.
[6]) H. B. VII. 4 flg.

rechtlich übergehen und aufheben zu können, so konnte Friedrich die Gelegenheit nur willkommen sein. Dies musste auch Gregor wissen und darum nahm er die Lombarden in Schutz, trotz aller Ketzerei und Unbotmässigkeit, um nicht gezwungen zu sein, des Kaisers Macht selber zu heben. Sie leisteten, mochten sie sonst sein, wer und wie sie wollten, der Erweiterung der kaiserlichen Macht strenge Opposition und das genügte, ihnen alles nachzusehen.

Wie gut müsste nach diesem Befunde die Beurteilung der kirchlichen Stellung der Lombarden ausfallen, wenn wir uns nur auf das Urteil des Papstes und seine gegen sie angewandte Behandlung verlassen wollten! Mit Recht ist bemerkt[1]) worden, dass die offenbare Lüge Gregors das grösste Misstrauen gegen das von Böhmer in den Regesten so gerühmte Schriftstück miranda tuis sensibus auch in andern Punkten verlangt[2]). Endlich wurde die richtige und vollständige Urkunde gesandt und das Einverständnis war hergestellt. Mit aller Kraft konnte zum Auszuge gerüstet werden.

Friedrichs Eifer dazu ist selbst von der Kurie anerkannt. Sogar Geldmittel hatte er nicht geschont um Fürsten zum Auszuge zu bewegen. Der Landgraf Ludw. v. Thüringen hatte 5000 Mark Silber erhalten[3]), ebenso der Herzog von Limburg.

Es war keine auserlesene Schar, die ankam, sondern meistens Leute, die von Friedrichs Tüchtigkeit alles erwarteten, selber aber nichts zu verlieren hatten. Ludwig VIII. fehlte, er bekämpfte die Ketzer in der Languedoc; das war gewinnbringender; ebenso fehlen die französischen Barone.

Zum Versammlungsplatz war, wie von altersher, Brundisium ausersehen, Zeit — August. — War es Friedrichs Schuld, dass der Ort und die Zeit gewählt wurde? Ein Hafenort des Königreichs musste es sein und Friedrich hat recht, wenn er behauptet, von je her ist es Brundisium gewesen[4]). Auch hatte weder Honorius noch Gregor etwas dagegen einzuwenden gehabt, obwohl Zeit genug dazu vorhanden war. Sie kannten das Klima ebensogut wie Friedrich. Warum hatten sie nicht zuvor ihre Stimmen erhoben, gegen die Gegend, die sie nacher regionem mortis[5]) nannten, eine verpestete Gegend, in deren Hitze selbst Metalle schmelzen[6])!

Friedrich wartete auf den Landgrafen, wodurch sich die Ankunft verspätete. Für Schiffe war hinlänglich gesorgt zur Aufnahme der Fahrer — alles lag bereit zur Ausfahrt — da bricht eine Seuche aus -- viele erliegen, selbst der Landgraf, zum Schmerze Friedrichs[7]). Er selber wird davon befallen — fährt trotzdem aus, erleidet in Otranto einen Rückfall — nos

[1]) Winkelmann.
[2]) B. R. (Pont.) 6711.
[3]) addidimus ex nostra camera quinque millia marcarum. H.-B. III, 42. (6. Dec.)
[4]) loca passagii non a nobis sed ab antiquis temporibus ordinata, Brund. videlicet, ubi passagium fieri semper competentius consuerit.
[5]) Gregor 1227. Oktob. Vita Greg. Mur. p. 576. regio mortis pestifera, cuius ardoribus ipsa fere solida metalla liquescunt. Felten p. 64 flg.
[6]) cf. Felten. a. a. O.
[7]) H. B. III. 43. Copiam vero navium tantam habuimus, quod pre defectu peregrinorum multa in portu navigia remanserunt.

in graviorem recidimus recidivam — dessen Spuren noch lange zu sehen waren (quorum adhuc manent vestigia 6. Dez.). Auf den Rat der Ärzte und seiner Umgebung bleibt er. Männer wie der Patriarch Gerold v. Jerusalem, Bischof von Accon, Jacob v. Vitry, Hermann von Salza, also lauter Persönlichkeiten, auf deren Aussagungen man sich verlassen kann, denen nichts mehr am Herzen lag, als das Zustandekommen der Fahrt[1]), hielten den Kaiser zurück.

War es wunderbar, dass Friedrich erkrankte, wo tausende der Seuche anheimfielen? Freilich der Kurie wäre es wohl lieber gewesen, wenn er auch gestorben wäre; aus seiner Genesung schienen ihm seine Feinde ein Verbrechen zu machen — über seinen Tode wäre nicht so geklagt.[2]) Es war ein casus inevitabilis.[3]) Der Oberbefehl wurde dem Herzog von Limburg übertragen und 50 Schiffe führen aus zur Verfügnug des Patriarchen von Jerusalem und Hermann von Salza.

Leichtsinnig hat Friedrich sicher nicht die Fahrt aufgegeben, denn er wusste genau, was ihm drohte — aber er war durch körperliches Leiden gezwungen. Freilich auch seine Krankheit ist später in Zweifel gezogen und als Mache hingestellt, ja sogar den Tod aller Soldaten und den des Landgrafen soll er verschuldet haben[3]), Beschuldigungen, die post festum auftauchten und nur zu beweisen scheinen, dass die Aufgabe des Zuges allein nicht Grund genug für die Handlungsweise des Papstes war.

Bei der Stellung von Papst zu Kaiser sind solche Verdächtigungen erklärlich, jedoch zeigt es von keiner vornehmen Gesinnung, dass der Papst zu solchen Verdächtigungen und Anklagen seine Zuflucht nimmt, um seinen Groll[4]) über Friedrichs Mangel an Unterwürfigkeit und seiner eigenen Täuschung Ausdruck zu geben[5]). Hätte Friedrich vorher in Rom angefragt, der Aufschub wäre in Anbetracht der Lage genehmigt worden, zumal die Nachgiebigkeit Friedrichs in der Lombardischen Angelegenheit zu den besten Hoffnungen Anlass gegeben hatte. Der Papst scheint an ein völliges Gelingen der Bevormundung Friedrichs gedacht zu haben[6]). Diese Hoffnung war dahin — selbständig, und ohne in Rom anzufragen, was in diesem Falle zu tun sei, hatte er vom Kreuzzug gelassen — sein ungebrochenes Streben nach Selbständigkeit war damit dokumentiert und damit war der Groll in Gregors innerstem Wesen erneuert.

Soweit ging[7]) der Papst in seiner Blindheit, dass er zwei Gesandtschaften des Kaisers ablehnte, Augenzeugen, die die Krankheit bestätigen sollten; und als er sie gehört, glaubte er

---

[1]) cf. Winkelmann Jahrbuch 332.

[2]) So Cherrier. H. B. V. 329. cf. Felten p. 65.

[3]) H. B. V. 329. procurata morte opinione publica creditur interiisse Vita Greg. 576. leidschaftl. Flugblatt von 1245. Worm. An. II. 718. bibens poculum, ut elicitur, mortiferum ab ea (Kaiserin) recessit. cf. Winkelmann Jahrb. 332. Anm. Schirrmacher II. 384. Felten p. 65. Anm. 2.

[4]) Raumer III. 191.

[5]) über das formelle Recht zur Exkomm. cf. Winkelmann Jahrbuch 334 Frantz pag. 127 flg.

[6]) H. B. III. 7. So fällt vielleicht Licht in den Brief, enthaltend die mystische Deutung der Krone und Insignien.

[7]) nunciis imperatoris (Gre) non plus credens quam nunciis suis de invalitudine imperatoris. Rich. Sang ad ann.

ihren Aussagen nicht[1]) Alle weitere Auskunft lehnte der Papst ab, sine cause cognitione[2]) verhängte er nach einer Unterredung mit Kardinälen, z. Teil aus der Lombardei, die willig gemacht und „Männer von ausgeprägter Gesinnung“ waren, wie der Emmeraner Mönch hinzufügt[3]) den Bann. Der Exkommunikation folgte ein Federkrieg, in dem alle gegenseitigen Vorwürfe zur Sprache kamen. Beide Briefe sind in dem einen — miranda tuis sensibus — enthalten. Es steht Aussage gegen Aussage. Graf Thomas von Celano, Rainald von Aversa und Roger von Aquila, die dem Papst als Hilfsmittel dienen, werden von dem Kaiser als offenkundige Rebellen behandelt — und sie sind es nach dem Zeugnis Hermanns von Salza.

Seine Schuld an dem Untergang von Damiette lehnt Friedrich ab — die Tage von Veroli und Ferentino beweisen sein Recht. An Geld und anderm Aufwand habe er es nicht fehlen lassen; 50 Kriegsschiffe und Lastfahrzeuge seien zu Brundisium zur rechten Zeit gewesen, die Krankheit allein habe ihn gehindert[4]). „Wir hegen die Hoffnung — schliesst das Schreiben — zu dem Urheber des Heils, dass der Papst unseres christlichen Eifers und des Landes eingedenk, seinem ergebenen Sohn den Schutz und die Liebe der Kirche nicht länger entziehen werde, er, den wir ja aufrichtig geliebt haben vor der Berufung zu seiner erhabenen Würde.“ Friedrich scheint nach der Gesandtschaft an den Papst noch geglaubt zu haben, dass er sich zu einer Verständigung herbeilassen werde. Als diese Hoffnung durch die wiederholte Exkommunikation erloschen, erhob er seine Stimme nochmals. Sein Schreiben, obwohl nicht ganz frei von Einwänden, steht weit höher als das des Papstes. Vor allem fehlt das ut dicitur des Papstes. In seinen Gegengründen kommt er mit Tatsachen und führt Zeugen glaubwürdigen Namens dafür an.

Obwohl Friedrich die Hoffnung ausspricht, dass der Papst ihn nicht allzulange von der Gemeinschaft der Kirche fernhalten möge, bekundet er dennoch deutlich, dass er sich nicht unbedingt unterwerfen will. Seinen guten Willen zeigt er in der endlichen Bestätigung des Landulf Senebaldi, erwählten Abtes von Monte Casino; einem andern jedoch versagt er sie[5]).

In Rom fand er Anklang. Seine Gegenschrift wurde öffentlich auf dem Capitol von Roffrio von Benevent verlesen[6]).

Trotz des offenen Bruches mit der Kurie liess Friedrich nicht von seinem Kreuzzugsbestrebȩn ab. Er hielt als Exkommunicierter in Capua einen Hoftag zum Zwecke der Kreuzzugsregelung, legte sogar seinen Baronen Stellung von Geld und Leuten auf, ebenso der Geistlichkeit. So belastete er sein Land mit grossen Ausgaben zum Besten eines Unternehmens,

[1]) Über die Deutung cf. Winkelmann. Friedrich II. Bd. I. 280. A. 3.
[2]) Rich. Sang. ad annum. Winkelmann, Jahrbuch B. 1. 334.
[3]) M. G. Ss. XVII. 574. Böhmer Fontes III. 497. ipse papa, diabolo instigante omnes signatos a voto suo revocans . . . expectio omnis solvitur. Über den Geist, der an der Kurie herrschte cf. Vita Greg. 576. Schirrmacher, II. 334. Höfler a. a. O. p. 82.
[4]) Soldaten konnte er im heiligen Lande mehr als 1000 nachweisen. 250 apul. Reiter 1226. 700 von Hermann geworben 100 vom kaiserlichen Gesinde qui ad impensas nostras transacto passagio (sept 27) transierunt. H. B. III 36 flg.
[5]) Ryec. p. 348, 349.
[6]) Ryec. p. 348.

dem Gregor keinen Glauben schenken wollte[1]). Demnach entsprach Friedrichs Tun auch seinen Aussagen. Gregor hatte nicht versäumt, nach England die Exkommunikationsbulle zu senden im Vertrauen auf die feindliche Haltung Heinrichs gegen Friedrich[2]). Auch hierhin richtet Friedrich ein Verteidigungsschreiben. Er klagt über die Versteoktheit der päpstlichen Politik, die Honig der Rede im Munde führt, aber alles zu verschlingen und auszusaugen droht. Die mangelnde Sittlichkeit der Geistlichen greift er an, Wölfe in Schafskleidern nennt er sie[3]). Dann der schwerste Streich gegen die Kurie: Das Priesteramt ist entartet, statt für Witwen und Waisen zu sorgen, strebt es nach Königreich und Kaisertum und ist damit von seinem Berufe abgewichen und versucht einen andern Grund zu legen, als der gelegt ist — Jesus Christi. Die Engländer möchten sich hüten, in dieselben Stricke zu verfallen. Gegen ihn sei gewütet; guter Wille, selbst Krankheit sei ihm zum Vorwurf und Verbrechen gerechnet. Auf seine Verpflichtungen dem Reiche gegenüber sei keine Rücksicht genommen; solche Feinde im Rücken wie die Lombarden, könne er nicht in ferne Lande ziehen. Er warnt alle Fürsten vor der Habgier und Ungerechtigkeit mit dem Zuruf: Tunc tua res agitur paries cum proximus ardet[4]).

Der Konflikt des Kaisers mit dem Papste in Kreuzzugsangelegenheit rief die erste Exkommunikation hervor. Das buchstäbliche Recht dazu lag vielleicht auf Seiten des Papstes· Friedrich hatte den Kreuzzug nicht angetreten und verfiel dafür der Strafe, die er selber dafür bestimmt. Ebenso haben wir gesehen, dass die buchstäbliche Ausübung dieses Rechtes weder dem Papste noch der Kreuzzugsangelegenheit von Nutzen war[5]). Alle Anstrengungen Friedrichs wurden ausser acht gelassen, seine Krankheit galt nicht als Entschuldigung. Der Hauptgrund, der den Papst empörte, war das freiwillige eigenmächtige Aufgeben des Zuges. Hätte er zuvor in Rom angefragt, eine bejahende Antwort wäre ihm nicht vorenthalten gewesen; aber diese selbständige Handlung erregte ebenso, wie die freiwillige Übernahme des Kreuzes im Jahre 1215 den grössten Anstoss[6]). Erbitterung und eigene Enttäuschung trieben den Papst zu den niedrigen Anklagen und Verdächtigungen, ja selbst scheute er sich hier schon nicht, die Gläubigen gegen den Kaiser aufzurufen[7]).

---

[1]) Winkelmann 341.
[2]) H. B. III[48]. Matheus Paris ad annum 1228. cf. Raumer hat III. 277 beide Briefe zu einem verschmolzen.
[3]) H.-B. III. 49. in vestibus ovium cum sint intrinsecus lupi rapaces.
[4]) H. B. III. 48.
[5]) H. B III. 100. Herm. v. Salza an Gregor 1229. de apostolicum et ecclesiam in multis coram omnibus excusavit eo quod . . . denunciaverit eum, quia non poterat aliter apud homines blasphemias et infamiam evitare.
[6]) H. B. III. 25. nam sponte non monitus sede apost. ignorante, crucem suis humeris affixit vovens solemniter se in terre sancte subsidium profecturum.
[7]) H. B. V. 296. absolutionis beneficium, pristina nobis incolumitate corporis reddita, postulantes. cf. Raumer III. 429. p. 284. hec clero et populis vobis commissis fideliter exponentes ac inducentes eosdam, ut ad hec exsequenda studeant suos animos preparere, ipsos ut vindicandam injuriam Jesu Christi sedulis exhortationibus invitis, ut cum ipsos apost. sedes habito maturiori tractatu sollicitandos poviderit promptos inveniat et paratos.

Betrachten wir inbetreff Friedrichs kirchlicher Stellung die erste Exkommunikation und die ihm zum Vorwurf gemachten Vergehen, so ist durchaus ersichtlich, dass dieselben sich sämtlich auf politische Dinge beziehen. Inwieweit der Papst mit seinem Banne formell im Recht war, ist eine Streitfrage[1]). Uns liegt nur daran festzustellen, dass es sich nur um den ungehorsamen[2]) Sohn der Kirche, nicht um den ungläubigen handelt. Er hat den Schwur nicht gehalten, er ist nicht zur rechten Zeit ausgefahren, dafür wird er gestraft und Friedrich erkennt[3]) das Recht dazu an, da er später dafür[4]) Busse zu tun verspricht. Die Vorwürfe und Anschuldigungen, die ihm gemacht werden und deren Haltlosigkeit wir bereits geprüft haben, sind nur ein Ausfluss des Hasses und der Enttäuschung[5]) des Papstes, der sich in den Hoffnungen wiegte, dass Friedrich ganz ein Mittel in seiner Hand sei. Diese Hoffnung war dahin nicht durch das Zurückbleiben des Kaisers an sich, sondern durch sein selbständiges, freies Handeln, ohne vorher das Urteil Roms eingeholt zu haben. Und wie ihm post festum der Verlust von Damiette zum Vorwurf gemacht wurde, so wird es jetzt die Wahl des Ausfahrthafens, der Tod des Landgrafen und seine eigene Krankheit muss zur Verstellung und Heuchelei gestempelt werden, weil es den Hoheitstheorien der Kurie entspricht, mit allen Mitteln denjenigen zu unterdrücken, der ohne des Papstes Willen eine selbständige Handlung zu unternehmen wagt. Jedoch alles reichte nicht aus, Friedrichs Kaiserstolz zu beugen, — er bewies, dass er nicht umsonst für das heilige Land gearbeitet hatte — er fuhr im nächsten Jahre aus und befreite im Bann das heilige Grab.

Jedoch auch diese Tat konnte die Kurie nicht billigen. Der Patriarch von Jerusalem war mit dem Frieden, den der Kaiser mit den Sarazenen abschloss, nicht einverstanden — Friedrich hatte ja Krieg versprochen! Er belegte daher die Stätten, die Friedrich aus der Hand der Ungläubigen befreit hatte, mit dem Bann und vernichtete somit sein Werk, sodass der Kaiser klagt: „Die heiligen Orte, welche so lange unter sarazenischer Herrschaft seufzten und endlich durch Gottes wunderbare Hülfe befreit wurden, sind durch dies verwerfliche Untersagen alles Gottesdienstes der alten Gefangenschaft und dem alten Elende wieder preisgegeben." Der Papst selber benutzte die Gelegenheit der Abwesenheit Friedrichs dazu, mit aller Gewalt den Einfall des kaiserlichen Statthalters Rainald von Spoleto in den Kirchenstaat abzuwehren, der gegen den Willen des Kaisers einen Angriff auf den päpstlichen Besitz gemacht hatte. Nicht zufrieden damit, die unbotmässigen Herzöge mit dem Banne zu bestrafen, setzte er den Krieg fort und benutzte dazu das Geld, das er für das heilige Land zu Diensten des Kaisers zu stellen sich verpflichtet hatte[6]).

---

[1]) cf. Frantz 127 ca. Winkelm. Jahrb. 334.
[2]) III. 30. ad natrum Eccl. revertatur per humilitatem debitam et satisfactionem congruam.
[3]) H. B. V. 296. Quia non poterat aliter apud homines blasphemias et infamias evitare. cf. Raumer III. 440.
[4]) H. B. III. 48.,. Confidimus autem in auctore salutis quod summus pontifex devotionis nostre non immemor nec terre Sancte necessitatis oblitus devotum filium non permittet a solita devotione ac dilectione matris diutius amoveri.
[5]) Winkelm. Jahrb. 1. 333.
[6]) Hahn. litt. princ. 12—13.

Natürlich waren die Lombarden seine Helfeshelfer, die allerdings so vorsichtig waren, lieber zum Kampfe aufzustacheln, als selber zu kämpfen. Die Absicht des Papstes ist klar. Was Friedrich vorausgesehen hatte, trat ein. Während er mit einem mässigen Heere die orientalische Frage mit Glück und Erfolg im Dienste der Kirche erledigt, um die schön ausgerüstete Heere vergeblich gekämpft hatten, gebraucht der Papst das Geld, das in der Christenheit für das heilige Land gesammelt ist, um Friedrichs Reichseinheit zu stören, die er zu wahren verpflichtet war. Wie allen Verleumdungen, leiht er auch denen des in seiner Amtsehre gekränkten Patriarchen willig sein Ohr und die Templer, die sich dem Sultan angeboten hatten, den Kaiser zu töten, werden von ihm, dem Schützer des Rechtes, in Schutz genommen, während der Kaiser als verlorener Sohn und Verfolger der Kirche hingestellt wird.

Jedoch schlug des Papstes Politik in dem Volke nicht durch — es erhoben sich Stimmen dagegen: Raumer[1]) fasst sie zusammen in den Worten: „Über die früheren Zögerungen hat sich Friedrich gerechtfertigt und jetzt den Kreuzzug angetreten, indem er sein Reich wehrlos zurückliess." Der Papst hingegen, anstatt das „heilige Unternehmen" auf alle Weise zu stützen, hielt in blinder Leidenschaft die eifrig nachfolgenden Pilger zurück, hemmte im Morgenlande durch seine Massregeln alle Schritte und billigte das Benehmen des Patriarchen, der Templer und der Bettelmönche. Die Sarazenen erkannten Friedrichs persönliche Grösse und seinen reinen Willen, während diese angeblichen Christen ihn gering schätzten und verleumdeten; der Sultan, dieser Erbfeind des christlichen Namens, rettete das weltliche Oberhaupt von Mordanschlägen, während das geistliche Oberhaupt der Christenheit den Sultan vom Friedensschlusse abmahnte und zur Fortsetzung des Krieges aufreizte, damit unterdessen die Eroberungspläne gegen Apulien ungestört könnten vollführt werden. D a h e r d e r g r o s s e Z o r n g e g e n e i n e n F r i e d e n, den der Kaiser, in beispiellos ungünstigen Verhältnissen, mit einer auf alle Weise geschwächten und zerstückelten Macht glorreicher geschlossen hat, als andere mit grossen Herren bei allgemeiner Einigkeit! Es geht eben klar aus dem Verhalten des Papstes hervor, dass sein Drängen zum Kreuzzuge nur ein Mittel ist, den Kaiser aus seinen Reichen, die sichtbar erstarkten, zu entfernen, um ihm entgegen arbeiten zu können. An eine Versöhnung dachte er nicht mehr; denn dass Friedrichs Absicht, ohne päpstliche Bevormundung seine Entscheidungen zu treffen, feststand, hatte dieser genügend gezeigt. Die Überfahrt im Banne war der letzte Beweis gewesen Von nun an konnte es für den Papst keine Einigkeit mehr geben, mochte sie äusserlich zustande kommen — wie dies zu San Germano geschah — oder nicht. — Begriffe wie Friede, Kreuzzug, Einheit der Schwerter, waren von jetzt an Schlagwörter, bei denen jede Partei das ihre dachte und die dazu dienten, den Kernpunkt zu umgehen. Die politische Lage spitzte sich von neuem in der alten Frage nach der Eingliederung der Lombardei in das Reich zu. Brennend wurde sie, als Friedrich nach dem Siege bei

[1]) III. 450.

Cortenuova 1237 die Oberhand zu gewinnen schien. Wie sollte sich der Papst stellen? Mit dem Kaiser gehen konnte er trotz der gerühmten Einheit der Schwerter nicht; denn alsdann war er gezwungen, gegen die offenbaren Rebellen und Ketzer mit aller Macht vorzugehen. Aber damit wäre der eigene Staat gefährdet gewesen und das musste Gregor vermeiden. Stellte er sich neutral, so war wohl äusserlich das Ansehen des Rechts gewahrt, aber der Erfolg blieb derselbe. Es blieb also nichts übrig, als die Lombarden in Schutz zu nehmen und auf ihrer Seite gegen den Kaiser zu kämpfen. Einen Augenblick war die Politik in Rom schwankend. Als Friedrich Herr der Situation war, schlug mancher erbitterter Feind einen sanfteren Ton an, um nicht alles zu verderben, und um nicht seinem Zorn auf Gnade und Ungnade sich ergeben zu müssen, wenn er die Oberhand behielt. Sobald sich aber seine Macht an den Mauern von Brescia brach und ihn um die Frucht seines glänzenden Sieges von Cortenuova brachte, erhob der Papst von neuem das Haupt[1]) und ein Federkrieg entstand, der an Offenheit nichts zu wünschen übrig lässt. Drei und vierzig Punkte sind es, welche Gregor in der series gravaminum vom Jahre 1236 dem Kaiser vorwirft. 1238 sind es nur 17, indem einige fallen gelassen, andere zusammen gezogen wurden. Diesen 17 entsprechen im ganzen die Punkte, welche in der Exkommunikationsbulle von 1239 bei H. B.[2]) enthalten sind. Alle diese Punkte, die sich sämtlich auf politische Angelegenheiten, Übergriffe des Kaisers, Gefangennahme von Bischöfen, Kirchenvakanzen, Schädigungen der Templer u. s. w. beziehen[3]), sind von Friedrich in seiner Gegenschrift widerlegt, resp. ist Abhilfe für die noch ausstehenden Punkte versprochen worden[4]); die fehlenden Punkte kann man in der Zwischenzeit von 36—38 als erledigt betrachten. Verschiedentlich sind sie einer genauen Würdigung unterzogen worden[5]) und es ist anerkannt, dass mit Ausnahme von zwei Punkten: Der Zurückhaltung des Prinzen von Tunis und der Erregung eines Aufstandes in Rom die Verteidigung Friedrichs als zu Recht bestehend anerkannt werden müsse[6]). Im übrigen herrscht ziemliche[7]) Einmütigkeit darüber, dass alle gravamina zusammen genommen dem Papst noch nicht das Recht gaben, mit dem Bann gegen das Oberhaupt vorzugehen. Aber er wollte den Bruch[8]), so sehr Friedrich daran gelegen war, den Frieden mit der Kirche aufrecht zu erhalten und so bereitwillig er alle Übelstände zu heben versprach. Nicht zu verwundern ist, dass auch in dieser Sentenz die Lombardenfrage mit Stillschweigen übergangen wird, um die sich hier ganz offenkundig die Sache dreht[9]). Denn mit ihrer Erwähnung würde dem Kaiser die schärfste Waffe der Verteidigung in die Hand ge-

---

[1]) Berth. Annal. 189. ad. a. 1238. Et dom. papa recipit civitatem et civis Janne in sua et beatorum Petri et Pauli apostolorum protectione etc.
[2]) H. B. V. 286.
[3]) Übersichtlich zusammengestellt bei Köhler, angeheftete Tabellen.
[4]) H. B. V. 249 flg.
[5]) Winkelm. Friedr. II. II. S. 101 flg. Köhler: Beilage. Felten 270 flg.
[6]) Über die beiden letzten Punkte cf. Schirrmacher III. 55. III. 78 flg.
[7]) Dagegen: Felten: Cap. XIX, 270—286.
[8]) Winkelmann Friedr. II. II. 118. Schirrmacher III. 46.
[9]) 24. März H. B. V. 281.

geben sein. Wunderbar aber erscheint es, dass auch in dieser Encycl. nichts über Friedrichs Glauben und keine Verdächtigungen enthalten sind. Sein Leib wird kurzerhand dem Satan übergeben, damit seine Seele am Tage des Herrn gerettet würde[1]). Aber bald darauf, in der Encycl. vom 7. April an alle Geistliche wird auf schwere Vergehen des Kaisers hingewiesen, „die mit Gottes Hilfe an gelegener Stelle enthüllt werden sollen." Vorsichtigerweise blieben sie jetzt noch aufgespart, um später entweder die Wirkung des Bannes zu erhöhen, oder denselben überhaupt erst wirkungskräftig zu machen[2]). Friedrich traf seine Gegenmassregeln. Als wirklich eingetreten war, was er befürchtet hatte, da musste er sein Wort wahr machen, dass er nunmehr mit aller Schärfe sich verteidigen und sich nicht scheuen werde, den Papst anzugreifen[3]). Und das konnte er leichtlich — die Behandlung von Rom, das heimliche Einverständnis des Papstes mit den Lombarden gegen ihn, sein ernstes Bestreben um den Frieden gaben ihm die kräftigsten Mittel in die Hand. Am 20. April erlässt er an alle Fürsten und Könige ein Schreiben[4]), in dem er klagt, dass von oberster Stelle dem Königtum Gefahr drohe, dass von dort Verleumdung und Hass ausgehe, gegen die er sich vor den Fürsten verteidigen müsse[5]). Er schildert die gegenseitige Vertrauenslosigkeit, die ständig seit dem Frieden von San Germano gewachsen sei — wirft dem Papste allerlei Ränke vor und zwar nicht, wie der Papst ihm, auf Grund eines ut dicitur, ut asseritur, sondern auf Zeugenaussage zuverlässiger Männer. Endlich, dass das Kardinalkollegium, welches den Bann ausgesprochen habe, meist aus lombardischen Geistlichen bestanden habe, die gegen den Rat verständiger Kardinäle die Sentenz gegen ihn ausgesprochen. Die versteckte Politik des Papstes, das offenkundige, rechtswidrige Handeln zu Gunsten der Rebellen wird an den Pranger gestellt und bewiesen, um daraus den Schluss zu ziehen: Der Papst ist unwürdig, Stellvertreter Christi zu sein. Nicht rechtmässig waltet er seines Amtes, sondern einsam in seiner Kammer sitzt er, bindend und lösend, sein eigener Schreiber, Wäge- und Zahlmeister[6]). Ein kühner Schritt Friedrichs, sich über die päpstliche Bulle hinwegzusetzen! Schon dass er es wagte, und auf Anerkennung bei den Königen rechnete (und tatsächlich fand), beweist sein gutes Recht. Noch mehr aber, dass er streng und ernst grade hier wiederholt betont, er verwerfe die geistliche Gewalt an sich nicht, sondern wisse, dass sie das Recht habe zu lösen und zu binden, aber dem jetzigen Papste spreche er die Fähigkeit ab, ein würdiger Inhaber dieses Rechtes zu sein[7]). „Nicht aus Nicht-

[1]) tradentes ipsum Fredericum Satane in interitum carnis, ut spiritus eius in Domini Die salvus fiet. Math. Paris M. G. XXVIII 160,46.

[2]) Math. Paris a. a. 39. p. 150. H. B. V. 290. Ceterum quum prefatus Fredericus de aliis magnis et gravibus sit plurimum infamatus criminibus, nos dante Domino super his loco suo et tempore procedemus, prout in talibus negotii natura requirit. cf. d. Schluss der Exkommunikations-Schrift.

[3]) H. B. V. 294.

[4]) Nach Math. Paris ad. ann. p. 162. Brief an Richard.

[5]) de assistendo (Lombardis) contra nos et imperium corporale prestitit juramentum. H. B. V 306. cf. 303.

[6]) H. B. V. 308. in camera sua more mercatoris cuius libet, in libra mercationis appendit, celatis fratrum consiliis, cum quibus secundum ecclesiasticam disciplinam deliberare tenetur, existens ipse sibi bullator et scriptor et fortis annumerator.

[7]) H. B. V, 305. non ob dignitatis injuriam, sed ob persone defectum.

achtung der apostolischen Würde, der alle Rechtgläubigen und wir vor allen Dingen Unterwürfigkeit bezeugen, sondern mit Rücksicht auf die Person, die eines solchen erhabenen Thrones unwürdig ist[1])".

Dass er nicht auf blosses Gerede solche Anklagen erhebe, wolle er beweisen vor einem allgemeinen Konzil, damit die Herde nicht länger von einem solchen Hirten irregeleitet werde[2]). Die Anklagen gegen seine eigene Person erscheinen ihm wenig schwerwiegend — ein gutes Gewissen ist seine Beruhigung[3]). Das Haupt der Kirche aber nennt er einen brüllenden Löwen, einen wahnwitzigen Propheten, einen besudelten Priester und diese Erkenntnis ist um so schmerzlicher für den Kaiser, weil der Papst eine Stelle inne hat, die der seinen ebenbürtig ist[4]). Er ist zunächst allein der leidende, aber zusehen sollen alle Fürsten, dass nicht auch an ihr Haus das Feuer des Nachbarn reiche[5]).

Während der Papst ihm den Zehnten des Erdkreises für die Verwendung des heiligen Landes versprochen habe, wenn er die Lombardische Sache in seine Hände lege, habe er sich den Rebellen mit einem körperlichen Eide verpflichtet — den Sohn verstossen, um einen Sklaven los zu kaufen[6]). Alle Welt soll erkennen, dass aller Fürsten Ehre durch solches Tun angegriffen ist. An demselben Tage fordert er die Römer zur Treue und zum Gehorsam auf[7]). War der Kaiser nicht zu solchem Schritte gezwungen? Musste er nicht sein Ansehen wahren, das ohne Prüfung der Welt zum Spott hingegeben war? Er tat es, indem er allein die Person des Papstes angriff. Nicht gegen die apostolische Würde kämpfte er: sie hält er für eine göttliche Institution, grade wie seine kaiserliche, sondern gegen die Person des Papstes, Gregor IX., der durch seine Taten beweist, dass er eines solchen Amtes nicht würdig ist. Inbetreff des Konzils, das der Kaiser berufen haben will, müssen wir diesen Standpunkt Friedrichs durchaus festhalten. Dasselbe soll I. beweisen, dass er, der Kaiser, sich nicht der bindenden und lösenden Gewalt der Kirche entziehen will; d. h. es soll seine kirchliche Stellung als kanonisch legitimieren. Zweitens soll es beweisen, dass der Papst als Unwürdiger die ihm übertragene Macht gemissbraucht habe. Es handelt sich also im zweiten Punkte nicht etwa um Verteidigung des Kaisers vor dem Konzil, sondern um eine Anklage gegen den Papst. Ebenso ist es 1245 der Fall und deswegen verhindert der Papst die Anwesenheit des Kaisers. Betrachten wir diesen

[1]) si nos talis sententiam judicis non veremur non in contemptum papalis officii vel apostolice dignitatis, cui omnes orthodoxe fidei professores et nos specialiter pre ceteris fatemur subesse, sue persone prevaricationem arguimus, quo solio tanti regiminis se monstravit indignam. cf. Karl V. gegen Papst Paul IV.: ich werde fortfahren, den heiligen Petrus zu verehren, aber nicht diesen Papst Paul! Maurenbrecher a. a. O. 139 und Anhang V. 12.

[2]) cuncta que diximus sumus ostendere et probare parati et his etiam duriora.

[3]) quantumcumque librum consecentie nostre sollicite resolvamus. H. B. V. 305.

[4]) qui veluti sibi viciniores loco et propinquiores adfectione precipua honores congerimus et ipsius onera presentimus.

[5]) procul dubio similia vobis et vestris imminere pericula timeatis.

[6]) H. B. V. 306. ha Deus, ha crudelissime pater et pontifex qui ut servum redimeres filium perdidisti.

[7]) H. B. V. 307—308.

Punkt genauer, so erkennen wir, dass es sich schon hier ganz offen um einen Kampf um Sein oder Nichtsein handelt. Friedrich ist gebannt; seine Untertanen des Eides ledig, mithin befindet er sich in grösster Bedrängnis, da er weder in Italien noch Deutschland sichern Boden hat Er will die schärfsten Waffen gegen solche Sentenz[1]) gebrauchen — welche können es sein. Nicht weltliche, nicht seine eignen, die wusste er allein zu handhaben, dazu bedurfte er keiner Unterstützung[2]); er brauchte eine höhere Gewalt, die Empörung der ganzen Welt gegen eine grenzenlose Bevormundung der Kurie. Darum wendet er sich an alle Völker und Fürsten und ruft sie zum Konzil, um eine höhere Instanz zu finden, ein Konzil von Geistlichen und Weltlichen, vor dem er den Papst verklagen und überführen will, sodass es seine Unwürdigkeit aussprechen muss. Wäre dieser Schritt Friedrich gelungen, so hätte der Sieg eine dauernde völlige Niederlage der päpstlichen absolutistischen Ideen bedeutet; denn alsdann wäre ein für allemal der Eingriff des Papstes in die weltlichen Angelegenheiten des Kaisers wenigstens an die Entscheidung eines Konzils gebunden gewesen. Das wusste der Papst sehr wohl. Freilich ein gutes Gewissen gehörte dazu[3]) einen solchen entscheidenden Schritt zu wagen und eine Beweiskraft der Tatsachen, die eine Versammlung, zum Teil aus Geistlichen, bestimmen konnte, die „Unfehlbarkeit“ des Papstes anzutasten. Und diese Überzeugung musste Friedrich haben, sonst war ein solches Beginnen von vornherein aussichtslos[4]). Auch aus dieser bedrängten Lage wusste Gregor einen Ausweg. Hatte Friedrich den Kampf um die Superiorität in der Welt auf seine Person gelenkt und versprochen, ihn vor rechtlich legitimierten Richtern auszufechten, so tat er dasselbe, nur, dass er wiederum das Anklage- und Richteramt allein für sich in Anspruch nahm[5]). Am 21. Juni erging ein Zirkularschreiben an alle Prälaten zur Abwehr der kaiserlichen Anklageschrift — eine Schrift, der gegenüber Friedrichs Schreiben mit Recht als Muster des Anstandes und der Mässigung bezeichnet worden ist[6]). Die apokalyptischen Tiere der Lästerung müssen ihren Namen geben für den „sogenannten Kaiser[7])“. Die alten Klagen der ersten Exkommunikation werden hervorgesucht, als ob es kein St. Germano gegeben, die Verschiebungen des Kreuzzugs, als wenn der Papst selber sie nicht gebilligt hätte. Die Krankheit Friedrich ist nun vollends eine Lüge, der Tod der Soldaten seine Schuld, der Landgraf von ihm vergiftet[8]). Alles ist nur halb wahr. Das mit dem Sultan abgeschlossene 10jährige Bündnis wird zu einem 6jährigen gemacht (sexenale foedus); dass

1) H. B. V. 294.
2) H. B. V. 306. (non quod ad propulsationem talis injurie nobis nostra non sufficiant munimenta).
3) H. H. V, 305. conscientie nostri librum resolvamus etc. Math. p. 163,36.
4) cf. Pamphlet gegen die Kurie als Stimmung wider den Papst. cf. Raumer's Auffassung III. 645. und H. B. II. 309. curialem declamationem potius adesse quam epistolam. ab ipso imperatore emissam arbitramur.
5) H. B. V 327. Ascendit de mari bestia blasphemie.
6) Schirrmacher III. 63.
7) „dictum imperatorem.“
8) cf. H. B. V. 329. infirmus fide, sed sanus corpore, ut securius Deo mentiretur et Ecclesiam falleret in lecto egritudinis aliquot simulatus decubuit ex eo nullo dolore percussus quod ibi clare memorie nobilis vir Thuringie lantgravius, utinam non veneni periculo sicut mundus clamat, extitit interemptus.

er dem Kaiser in Jerusalem Schwierigkeiten gemacht habe, ist nicht richtig. Von der offenen Feindseligkeit des Patriarchen und der Templer aber, die Gregor selbst nach dem Frieden zu hindern bestrebt war, ist nicht die Rede, vielmehr heisst es: venerabilem fratrem nostrum patriarcham Hierosolymitanum et templarios pro viribus expugnavit. Er behauptet, nach Kräften bemüht gewesen zu sein, die Lombarden zum Gehorsam gegen das Reich zu bewegen. Dem Kaiser wird vorgeworfen, dass er in der Lombardei Partei genommen habe, wo doch sowohl die deutschen Fürsten, selbst der König von England bereit waren, sich das Schwert umzugürten, um gegen die Rebellen zu ziehen und Männer wie Hermann von Salza einsahen, dass gegen die Intriguen der Kurie und den Hohn der Lombarden nur Kriegsgewalt anzuwenden sei. Der Bischof von Präneste jedoch hat nur Eltern, Brüder und Verwandte in Präneste versöhnt, unter Wahrung der kaiserlichen Rechte! Für Lüge des Kaisers wird erklärt, dass der Papst sich mit einem Eide den Lombarden verpflichtet habe — eben hatte er noch Venedig und Genua gegen den Kaiser eidlich verpflichtet! — für Lüge, dass er ihm den Zehnten für das heilige Land versprochen[1]), für Lüge dass er ihn gegen den Rat des verständigen Teils des Kollegiums, gegen die Tradition der heiligen Väter und den geweihten Brauch der Kirche exkommunikiert habe.

Unwürdig freilich ist er, das gesteht er zu, eine solche Last zu tragen, die ihm auferlegt ist, aber mit Gottes Hilfe und nach dem Rat seiner Umgebungen sei er entschlossen, nach Möglichkeit alles in Ordnung zu halten[2]). Und nun folgt der Hauptschlag gegen den Kaiser. Bisher hatte es sich im Streite immer nur um Sachliches gehandelt, nun wird auch Gregor persönlich und mit gewohnter Geschicklichkeit weiss er Altes und Neues aus dem reichen Schatz seiner wachsamen Kanzlei hervorzuholen und an Geschick, den Worten einen prägnanten Sinn zu geben, fehlte es nicht; allerdings Wahrhaftigkeit und Ehrlichkeit kamen dabei zu kurz.

Gregor musste eingesehen haben, schon durch den Anhang, den Friedrich noch hatte, dass sein Bann wirkungslos blieb, wenn er keine besseren Gründe vorbrachte, als er bisher getan. Dies konnte er jetzt. Eine Unfehlbarkeitstheorie hatte sich bei der Kurie längst ausgebildet — zweifelte einer sie an, so dokumentierte er eben selber dadurch seinen Abfall von der Kirche. — Eine leichte Logik. Zu wiederholten Malen hatte Friedrich in seiner Anklageschrift bezeugt und bekannt, dass er dem Haupt wie jedem einzelnen Priester — sobald sie sich dieses Amtes würdig erzeigten und als Diener Christi es verwalteten, die Macht zu binden und zu lösen wohl zugestehe. Sein Kampf richtete sich gegen Gregor persönlich und dessen Auffassung von dem apostolischen Amte. Diese Worte müssen umgewertet werden — Halb wahrheit schon genügt, hieraus einen Fallstrick zu machen. Und diese lesen wir folgendermassen:

---

[1]) p. 338. illud apertius mentiens etc.
[2]) H. B. V. 338. fatemur nos oneri tanto insufficientes existere etc.

[1])Unum quidem est, de quo, etsi pro homine perdito, sit dolendum, letari in modicum et Deo regratiari debetis, quod volente Domino, qui diutius occultari non patitur umbram mortis, iste qui gaudet se nominari preambulum Antichristi, non expectans propinguam sue confusioni judicium manibus propriis effosso suarum abominationum pariete, per dictas litteras ejus suarum producit in lucem opera tenebrarum in eis constanter proponens quod per nos tanquam Christi vicarium vinculo excommunicationis astringi non potuit. Sicque affirmans non esse apud Ecclesiam a Domino beato Petro et ejus successoribus ligandi atque solvendi traditam postestatem, dum heresim asserit, proprio sibi argumento concludit, consequenter ostendens, quod male sentiat de ceteris fidei orthodoxe articulis, dum Ecclesie, super quam fides fundata constitit, auferre nititur concessum verbum Dei privilegium postestatis. Absichtlich überträgt Gregor dasjenige, was Friedrich ihm allein absprach, auf die Kirche als solche. Und indem er dies tut, stempelt er den Kaiser zum Ketzer; denn wer der mittelalterlichen Kirche die Gewalt solvendi at legandi abspricht, trifft sie in ihrem Lebenskern, ein Aberkennen der Schlüsselgewalt der Kirche ist ein Aberkennen der Kirche überhaupt. Man sieht -- eine kleine Umwertung erlaubt grosse Schlüsse. Und Gregor zieht diese Konsequenz und nun bedarf es weiter keines Zeugnisses für die Ungläubigkeit des Kaisers.

Wie wenig der Papst mit dieser Beschuldigung im Recht war, beweist allein schon die erste Exkommunikation, der sich der Kaiser nicht nur unterwarf, sondern sogar davon lössen liess, nachdem er für die Anklagepunkte Genüge getan; dass er auch jetzt noch auf demselben Standpunkte stand und denselben dauernd bewahrte, beweisen ausser seinen eigenen Aussagen seine Taten; beweist, dass er bis zu seinem Testamente nicht die Überzeugung aufgegeben hat, dass das Papsttum als Träger der geistlichen Gewalt neben der weltlichen zu bestehen hat; und damit räumt er ihm alle ihm übertragene Gewalt ein. Jedoch diese geistliche Gewalt, angewandt im Dienste weltlicher, päpstlicher Politik, konnte und durfte Friedrich nicht anerkennen. Es widerstritt seiner erhabenen Auffassung von der ihm übertragenen kaiserlichen Autorität, es widerstritt auch der dem Papste übertragenen geistlichen Autorität[2]) Es lag ein Missbrauch vor, ein Übergriff des Papstes in weltliche Angelegenheiten, gegen den die Ehre und das Ansehen des Reiches des Kaiser zum Gegensatz herausforderte. Und je drohender dieser Gegensatz durch die Reizungen des Papstes wurde, desto schwererer Gegenmittel bediente sich dieser.

Ein allgemeines Konzil musste den abusus der päpstlichen Gewalt durch Gregor erkennen; denn Friedrichs politische Taten konnten einen Vergleich mit Gregors heimlicher

---

[1]) H. B. V. 339.

[2]) H. B. 350. Verum de potestate ligandi et solvendi forte ipse dominus gloriatur et pungit; sed ubi virtus deficit potestatis ibi subservit abusus.

und offener Begünstigung der Rebellen wohl aushalten; daher galt es, den Ankläger unschädlich zu machen, ihm Gottlosigkeit vorzuwerfen, um ihm damit das Recht auf Anhörung seiner Klagen zu nehmen. Zur Motivierung musste die Verschiebung von Friedrichs Ansicht über die Schlüsselgewalt dienen. Zur Bestärkung fügte Gregor Neues hinzu, wohl dazu bestimmt, Friedrich bei der grossen Masse als Ketzer erscheinen zu lassen; denn das Volk ist für Anekdoten leichter zu haben, als für Kirchenpolitik.

[1])Sed quia minus bene ab aliquibus credi posset, quod se verbis illa queaverit oris sui; probationes in fidei victoriam sunt parate quod iste rex pestilentie a tribus baratoribus, ut ejus verbis utamur, scilicet Christo Jesu, Moyse et Mahometo, totum mundum fuisse deceptum, et duobus eorum in gloria mortuis, ipsum Jesum in ligno suspensum manifeste proponens, insuper dilucida voce affirmare vel potius mentiri presumpsit, quod omnes fatui sunt qui credunt nasci de Virgine Deum qui creavit naturam et omnia, potuisse. Hanc heresim illo errore confirmans quod nullus nasci potuit, cuius conceptum viri et mulieris conjunctio non precessit, et homo nihil debet aliud credere nisi quod vi et ratione nature probare. Hec et alia multa quibus verbis et factis catholicam fidem impugnavit et impugnat, suo loco et tempore sicut decet et expedit manifeste poterunt comprobari.

Solch eine Anklage musste die Erkommunikation rechtfertigen — die Grundstütze des christlichen Glaubens angegriffen zu haben, wird Friedrich zur Last gelegt — wenn etwas, musste dieses Ungläubigkeit sein! Jedoch auf wie schwachen Füssen steht die Anklage! Einem dicitur leiht die päpstliche Gerechtigkeit, der Stellvertreter Christi, sein Ohr, um die schweren Anklagen gegen den Kaiser zu erheben, die er nie bewiesen hat und auch nie beweisen konnte. Hätte der Papst Belege in Händen gehabt, er hätte nicht verfehlt sie zu gebrauchen, und besonders Innozenz IV. hätte sie in Lyon vorgebracht, da ihm hieran alles liegen musste. Jedoch sind sie tatsächlich ausgeblieben und die Anschuldigung ist 1245 nicht mehr erhoben worden. Auffällig ist, dass der Kaiser auch über Mahomet das vernichtenede Urteil gesprochen haben soll, während ihm früher (29) grade seine Bevorzugung des mohamedanischen Glaubens zum Vorwurf gemacht worden ist. Augenscheinlich handelt es sich bei dem dicitur um Worte der Werkzeuge päpstlicher Parteileidenschaft.

Schon Math. Paris (a. a. 38)[2]) klagt: Zu dieser Zeit wurde der Ruf des Kaiser Friedrichs von gehässigen Feinden heftig angeschwärzt und verdunkelt . . . Fern sei es, dass ein so vorsichtiger Mann, zumal als Christ seinen Mund zu solcher Lästerlichkeit geöffnet habe. Auch

[1]) H. B. V, 339/340.
[2]) p. 147.

berichtet er, dass dem Volke schon der Widerspruch in der Anklage aufgefallen sei[1]). Friedrich antwortete mit einem Rechtfertigungsschreiben an die Kardinäle, in dem uns sein Zorn über die päpstliche, schrankenlose Anmassung verständlich erscheint. Der Papst ist in ihm der grosse Drache, der die Welt verführt hat, der Widerchrist, für dessen Vorläufer er den Kaiser ausgab, ein zweiter Bileam, gedungen, uns um Geld zu verfluchen, der Fürst über die Fürsten der Finsternis, der Engel, welcher mit Schalen voll Bitterkeit, aus dem Abgrunde aufsteigt, um Land und Meer zu verderben. Den Angriffen auf seinen Glauben stellt er ein einfaches, bestimmtes Glaubensbekenntnis[2]) gegenüber, indem er leugnet, dass solche spöttischen Worte je über seine Lippen gekommen sind. Es heisst in dem Bekenntnis: (Cum.) Manifeste confiteamur unicum Dei filium, coeternum et coequalem Patriae Spiritui Sancto, dominum nostrum Jesum Christum, ab initis et ante secula genitum, processu temporis missum in terris, in subsidium generationis humane, non de potentia ordinata, se de potentia ordinante: qui est de virigine matre natus, passus postmodum et mortuus secundum carnem et alteram naturam, quam assumpsit in utero matris, virtute deitatis, a morte post triduum resurrexit. Mahometi vero corpus in aere pendere didicimus, obsessum demonibus, animam Inferni cruciatibus deditam cujus opera tenebrosa fuerunt, et contra legem Excelsi. Mosen vero amicum Dei et familiarem vera docente pagina fuisse tenemus; in monto Synai cum ipso tenentem colloquia, cui Dominus rubum accendit, per quem signa et mirabilia fecit in Egypto et Hebraico populo; lex tradita declarat ipsum postmodum vocatum ad gloriam cum electis.

Mit solchem Bekenntnis wandte er sich an die Kardinäle und dringt auf Einsetzung eines geistlichen Gerichtes, um vor demselben die Reinheit seines Glaubens zu bezeugen.

Freilich Gregor und seine Umgebung achteten nicht darauf — es lag ihnen auch nicht an der Prüfung: eine stille Zugabe, dass Friedrich recht hat mit seiner Behauptung, dass nur der Hass solcher Anklagen ihm in den Mund gelegt, dass des Kaisers Glück der Grund zum Neid des Papstes sei[3].) Matheus dagegen vollzieht die verlangte Prüfung, soweit es ihm möglich ist, und kommt zu der Überzeugung: In epistolis suis humiliter de Deo scribit Imperator et humiliter[4]). An der Kurie jedoch blieb man bei den Aussagen des Papstes, ja verschlimmerte sie noch durch allerlei Verdächtigungen, und so hat sich dieser Vorwurf bis in die Neuzeit hinein verschleppt und ist mit derselben Rücksichtslosigkeit erneuert worden[5]).

---

[1]) Mon. Germ. XXVIII, 147. absit, absit, aliquem virum discretum in tam furibundam blasphemiam os et linguam reserasse. cfr. pag. 177,24. addiditque populus: Quid sibi vult istud? Retrovactis temporibus imposuit Papa Imperatori, quod ipse Machometo legique Saracenicae plus consensit quam Christo vel legi Christiane: nunc autem in sua inrectiva epistola imponit eidem, quod tam Mahometum, quam Jesum vel Moysen, quod horribile est recitare, vocat Baratatorem.
[2]) H. B. V. 349.
[3]) 350. Revera imperalis felicitas papali semper impugnatur invidia.
[4]) ad ann. pag. 177. cf. pag. 148,30.
[5]) H. B. Introd. Schlosser, Reuter, Höfler, Felten.

Es ist für unsere Aufgabe unerlässlich, der Frage nach dieser Behandlung der kirchlichen Stellung Friedrichs näher zu treten. Zunächst jedoch sei noch einmal hervorgehoben, dass der Vorwurf der Ungläubigkeit nicht der Grund der Anwendung der Gewaltmittel des Papstes gewesen ist, sondern die papalis invidia, der Existenzkampf um die päpstliche Absolutie. Diese Verleumdung war ein Mittel zum Zwecke und eine quellenkundliche Untersuchung über diesen Punkt, mag sie ausfallen wie sie will, begeht stets den grössten Fehler an der Beurteilung Friedrichs, wenn sie von hier aus die ganze historische Persönlichkeit beurteilt. Insofern hat die folgende Untersuchung nur Bedeutung sekundärer Art; auch will sie nicht versuchen, das Bild „Friedrichs rein zu waschen von den Flecken[1]") sondern es nach der Richtung seiner persönlichen kirchlichen Stellung zu ergänzen. In der quellenkritischen Untersuchung der Frage, ob Friedrich das betreffende spottende Wort gesagt hat, ist von allen Seiten zugestanden[2]), das soviel man suchen möge in den Briefen und Erlassen Friedrichs nichts entdecken könne, das einen Schluss auf seine Ungläubigkeit zuliesse. Im Gegenteil, überall, selbst im äussersten Kampf bewahrt er seine feste Stellung der unbedingten Anerkennung der Kirche als seine Mutter, des Papstes als seinen geistlichen Vater, wenn er ihn als Sohn ästimiert; keinem Priester, geschweige dem Papste, spricht er die Macht ab, zu lösen und zu binden, wenn er sich dieses Amtes nicht unwürdig erwiesen hat. Vom Regierungsantritt bis zu seinem Testament können wir eine solche Ergebenheit verfolgen. Mit Recht ist[3]) Friedrich in dieser Beziehung mit Karl V. verglichen worden. Beide Fürsten vertreten den Gedanken der Weltmachtspolitik und zu der Vollendung dieser Idee gehört unbedingt die Mitarbeit der Kirche, die geistliche Gewalt — freilich nicht als dominierende, sondern als gleichberechtigte Macht. Eine Trennung von derselben musste für beide eine Aufgabe ihrer Politik bedeuten. Wenn jedoch der Tatsache der Unmöglichkeit Friedrichs aus seinen Briefen Unkirchlichkeit vorzuwerfen der Vorwurf gegenübergestellt, dass der Kaiser aus politischer Klugheit alle derartigen Anspielungen vermieden, oder seine diesbezüglichen vernichtet seien[4]), so ist dies unseres Erachtens eine Behauptung vollster Willkür und entspricht nicht im mindesten den Ansprüchen quellenmässiger Forschung; denn dasjenige was bezeugt ist, wird nicht anerkannt, das Unbezeugte aufgrund einer Hypothese jedoch für wahr ausgegeben. Freilich insofern griff Friedrich die bestehende Kirche in ihren Vertretern an, als er eine Reform der Geistlichkeit verlangte. Dass diese Forderung berechtigt war, wird nirgend bestritten[5]). Indem Friedrich aber die Verweltlichung des Clerus angriff, hatte er längst nicht im Sinne, die Kirche als solche zu stürzen und sich selber nach Art des orien-

[1]) cf. Lorenz a. a. O.
[2]) cf. Reuter a. a. O. 8. Buch.
[3]) cf. Lorenz a. a. O.
[4]) Reuter a. a. O.
[5]) cf. Höfler Friedr. II. 320, 241, 239.

talischen Kalifates an die Spitze zu stellen[1]). Er wollte sie nur auf den ursprünglichen Bestand zurückführen, sie als eine geistliche Macht wissen, wie sie es in den ersten Zeiten des Christentums gewesen war. „Die Armen schützen, die Hungrigen zu speisen, die Witwen und Waisen zu trösten", das ist ihre Aufgabe, die sie aber nicht erfüllte. Die weltlichen Gelüste nach irdischem Besitze hatte diese Grundbedingungen verschlungen und in unersättliche Habsucht verwandelt, die die Länder aussogen und verarmen machte[2]). Dieser Gedanke der Reorganisation durchzieht das ganze Mittelalter und ist nicht erst das Eigentum Friedrichs. Er aber sprach ihn aus und ihm ist ein Fallstrik daraus bis in unsere Zeit gemacht worden.

Ähnlich verhält es sich mit dem gotteslästerlichen Ausspruche über Christus, Moses, Mohamed. Das Bekenntnis Friedrichs ist, wie bemerkt, zu Gregors Zeiten unberücksichtigt geblieben. In unserer Zeit kann man es als Worte der Heuchelei bezeichnet finden — und dennoch macht eine derartige Verarbeitung der Quellen Anspruch auf Wahrheit[3]). Wir meinen, als Historiker haben wir die gegebenen Quellen frei zu benutzen und als wahr hinzunehmen, wenn sich als Beweise der Unwahrheit keine unzweideutigen Belege beibringen lassen. Dies ist in unserer Frage anerkanntermassen nicht der Fall. Beginnt man aber besonders in Glaubensangelegenheiten, die sich unserer sicheren Kenntnis überhaupt entziehen, mit dem Vorwurf der Heuchelei zu operieren, so verlässt man allen festen Boden der wissenschaftlichen Forschung und gerät notwendig auf die schlimmsten Abwege; denn mit solchen Mitteln kann man alles beweisen! Und so ist gegen Friedrich verfahren worden. Festgestellt ist, selbst bei Reuter, dass weder die Schrift de tribus impostoribus von Friedrich stammt, sondern ein Machwerk des späten Mittelalters ist[4]), in dem fast wehmütig darüber geklagt wird, dass man nicht mehr weiss, welche Religion die richtige ist[5]). Ebenso steht fest, dass die Zusammenstellung von Christus, Moses und Mahomed und ihre Bezeichnung als impostores, sedutores oder batazeni nicht von Friedrich, sondern von Simon v. Tornay in Paris stammt, der die These aufstellte, um an deren Widerlegung seinen Scharfsinn und seine dialektische Schulung zu zeigen. Der Ausspruch lebte im Volke. Andrerseits brachte es der Verkehr mit Andersgläubigen mit sich, einen Vergleich über den Wert der bezüglichen Religion anzustellen. Wie alle übrigen, mag auch Friedrich ihn gezogen haben. Während dies aber bei allen andern mit dem Sehnen nach Wahrheit ein „Suchen des Zweifels ist," wird sie bei Friedrich zum Ausspruch der Lästerung gestempelt[6]). Wie sich eine solche Willkürlichkeit verteidigen will, ist nicht ersichtlich, besonders da zuvor konstatiert worden ist, dass nichts, weder zur

[1]) Höfler; H. B. Intr. CDLXXXV.
[2]) H. B. Encycl. vom 6. Dec.
[3]) Höfler. Friedrich II. Einleitung IX.
[4]) Gieseler, Lehrbuch der Kirchen-Geschichte, Bonn 1828. 2. Buch, 2. Abth. S. 180 f.
[5]) cf. die drei Ringe bei Lessing.
[6]) cf. Reuter XIV.

Zeit Gregors und Innozenz, noch zu unserer Zeit gefunden ist, was auch nur die Vermutung nahe legt, dass den Ausspruch im Munde Friedrichs wahrscheinlich macht.

Arabische Chronisten, und die auch noch von besonderer Färbung, und Anekdoten müssen heran, um wenigstens der Behauptung einen Schein von Belang zu geben[1]). Und wie verhält es sich mit der Behauptung, dass der Kaiser die Worte nur im engsten Kreise seiner Vertrauten getan habe.[2]) Sollte derjenige, der den Ausspruch kolportierte, nicht aufzufinden gewesen sein, als den Päpsten alles daran lag, ihre Behauptung zu beweisen? Und wer waren denn die vertrautesten Männer seiner Umgebung? Einem Hermann von Salza hat selbst die Kurie nicht gewagt, etwa Arges nachzusagen, sondern sich vielfach trotz seiner engen Freundschaft zum Kaiser seiner bedient und sich um ihn beworben. Seine kirchliche Rechtgläubigkeit, seine persönliche Frömmigkeit,[3]) seine feste Treue, die bis zum Tode (er starb am Tage der 2. Exkommunikation, 20. März 1239) an der Seite seines Freundes verharrte, geben das beste Zeugniss für Friedrich selbst.

[4])Girarda von Modena[5]), ein Franziskaner, und einer der innigsten Freunde des heiligen Franziskus war nach Salimbene gut kaiserlich und dabei doch „friedsam und aufrichtig und bekehrte viele von ihren Sünden[6]).“ Höher noch gilt die Freundschaft des Kaisers mit Bruder Elias[7]) der zum Nachfolger des heiligen Franziskus erwählt wurde. Wegen der Achtung, die er zugleich an der Kurie genoss, war er zum Vermittler wie geschaffen. Jedoch traf ihn nach Friedrichs Exkommunikation auch die Strafe der Kurie, er wurde entsetzt, obwohl er sich um den Orden wohl verdient gemacht und das Streben in wissenschaftlichen Arbeiten gefördert hatte. Nicht der Vorwurf Salimbenes[8]), dass er Weltliche in den Orden aufgenommen, dass er in Wohlleben schwelge, hat ihm den Sturz gebracht, sondern allein die Freundschaft mit Friedrich. Der Papst suchte die ganze gemässigte Partei zu entfernen. Friedrich klagt den Papst deswegen an, dass er seinen Freund trügerisch in seine Gewalt gebracht habe, trotz des kaiserlichen Geleitsbriefes[9]). Nach Jahren müht sich

---

[1]) cf. Reuter a. a. O. Derselbe Araber beurteilt Friedrich so, dass, wenn er ein Sklave wäre, er nicht 200 Drachmen wert sei.

[2]) H. B. Introd. CDLXXXVII. Toutefois ce scepticisme ne sortait pas d'un, petit cercle de confidents intimes! il respectait le dogme et le culte établis.

[3]) cf. G. Voigt. Hermann von Salza, Hochmeister des deutschen Ordens in seiner weltgeschichtlichen Bedeutung. Königsberg 1856.

[4]) Voigt. Geschichte Preussens II. 71. Er war ein frommer, verständiger, weiser Mann, wohlbereit, gottesfürchtig eines ehrbaren Lebens, hochangesehen beim Papst und beim Kaiser. (Ordenschronik).

[5]) Erat enim frater Girardus imperialis multum, et nihilhominus in pace et in acquitate ambulavit coram Deo

[6]) Salimbene 87. et multos avertit ab iniquitate ut dixit Malachias.

[7]) Salimbene 401. specialis amicus utriusque. Et ita conveniens erat mediator.

[8]) Salimbene 11/405. Verum tamen in ordine fratrum Minorium, tempore illo, quo intravi, inveni viros multos magnae sanctitatis et orationis et devotionis et contemplationis et magnae litteraturae. Nam hoc solum habuit bonum frater Helyas, quia ordinem fratrum Minorum ad Studium theologiae promovit.

[9]) H. B. V. 346.

die Kurie noch einmal (1245) ihn zur Rückkehr zu bestimmen. Er aber blieb als unbedingter Freund Friedrichs an seiner Seite[1]).

Was endlich Friedrichs Verhalten zu den Ketzern und deren Verfolgung betrifft, so beweist schon sein Erlass bei der Krönung, dass er sich hiermit völlig auf kirchlichem Boden befindet und seine Macht in den Dienst der Kirche stellt. Freilich wurde die Verantwortung für alle Greuel der Verfolgung später auf ihn gewälzt, während er im Auftrage der Kirche handelte. Es war ganz vergessen, dass Friedrich zur Vertilgung der Ketzer von Gregor aufgerufen worden war; er ging gegen die Feinde des Glaubens vor mit dem Hinweis, „dass er in Gemässheit des ihm von Gott übertragenen königlichen und kaiserlichen Amtes, durch das er zur Handhabung des weltlichen Schwertes verpflichtet sei, handele[2])“.

Wie sehr der Kaiser die Ketzerei verabscheute, bezeugt seine Haltung bei der Belagerung von Falenza[3]). Francesco Pipino erzählt, es seien nachts Männer zum Kaiser gekommen und hätten ihm ihre Treue in allen Stücken angeboten, wenn er zu ihnen, den Ketzern, welche er bekämpfte, übertrete. Darauf habe Friedrich geantwortet, indem er sie abwies: „Wolle Gott, dass die Häupter der Kirche, welche mich bekämpfen, soviel Rechtlichkeit in ihrer Handlungsweise gegen mich bewiesen, als in ihrem Glauben.“ Des Papstes Haltung den Lombarden gegenüber, deren Ketzerei notorisch war, hält einen Vergleich mit einer solchen festen kirchlichen Position Friedrichs nicht aus. Aber alles musste umgewertet werden, wenn der Kampf der Kurie von Erfolg sein sollte Was man andern gern übersah[4]), musste bei Friedrich als erschwerend notiert werden, um gelegentlich seine Wirkung zu tun. Selbst den Tod Heinrichs (VII.) scheute man sich nicht, dem Kaiser zur Last zu legen, und man unternimmt noch jetzt das Recht Heinrichs auf die deutsche Königskrone zu verteidigen, die er als Rebell im Bunde mit den Lombarden verscherzt hatte[5]). Wohin all diese heimlichen Manipulationen der päpstlichen Partei zielten, zeigt deutlich der Schlussakt des Kampfes, die Absetzung Friedrichs. Nachdem dem Kaiser auch in Deutschland der Boden entzogen war, konnte Innozenz IV. es wagen, den Kaiser aus denselben Gründen, derentwegen er von Gregor mit dem Bann belegt worden war, als unwürdig abzusetzen. Die Besetzung des Konzils, die Behandlung der englischen Klagen über den Druck der Geistlichkeit, die Abfertigung des kaiserlichen Verteidigers Taddeus von Suessa, die Behandlung des Kaisers selber, dem durch die Nichtladung die Möglichkeit einer Verteidigung, geschweige einer Anklage genommen war, beweist nur zu deutlich,

---

[1]) Salimbene 411. Imperatori Friederico, a Grogorio Pape IX excommunicato totaliter adhaesit. Vgl. die Beurteilung des Elias bei Felten, Gregor IX. pag. 226—228.

[2]) P. L. II. 326. Commissi nobis celitus cura regiminis et imperialis, cui dante Domino presidemus, fastigium dignitatis, materialem qua divisum a sacerdotio fungimur, gladium adversus hostes fidei et in exterminium herenice pravitatis exigunt exerendum.

[3]) cf. H. B. CDXCIV.

[4]) cf. Aufhebung des Bannes über die Lombarden, der von dem Bischof von Hildesheim verhängt war.

[5]) Höfler. Friedrich II. 90/91. cf. Leichenpredigt des Minoritenbruders Lucas über das Thema: arripuit Abraham gladium ut immolaret filium suum nach Benvenute v. Jmola tötet sich Heinrich selbst in Verzweiflung, Salimbene: Taedio affectus.

worauf es dem Papste ankam — und allen vor ihm angekommen war — nicht um Bestrafung eines Ungläubigen, abgefallenen Sohnes der Kirche, sondern um Vernichtung und Ausrottung des staufischen Hauses bis zum letzten Spross. Der Kampf, der sich jahrelang unter falscher Decke hingezogen hatte, kam hier in seiner ganzen Offenheit zum Ausbruch. Es handelt sich von vornherein in dem Verhältnis Friedrichs zu den Päpsten seiner Zeit um nichts anders als um den Kampf der päpstlichen Absolutie gegen das Streben des Kaisers, sich und seine Reiche von der Bevormundung Roms zu befreien.

Friedrich unterlag: er hatte den Kampf im Vertrauen auf seine Machtstellung, die ihm von Gott und von den Fürsten übertragen war, übernommen, er hat mit zäher Energie gekämpft; aber er musste unterliegen, nachdem die päpstlichen Gegenagitationen ihm den Boden unter den Füssen entzogen hatten. Unzufriedene gab es überall im Reiche. Rom kannte seine Gönner: Die deutschen Fürsten waren von jeher nur zu bereit gewesen, mit Rom zu konspirieren zu Ungunsten des Imperators. Deutschland stand dadurch nach wie vor unter der Vormundschaft des Papstes, bis endlich unter Karl V., der auch vergeblich kämpfte[1]), sich eine Macht in Deutschland regte, der es für immer gelang, die Fessel von Rom zu sprengen.

[1]) cf. Maurenbrecher, Karl V. p. 139.

Zeitfracht Medien GmbH
Ferdinand-Jühlke-Straße 7
99095 Erfurt, Deutschland
produktsicherheit@kolibri360.de